Une vie incendiée

Emmanuelle Seigner

Une vie incendiée

Éditions de
L'Observatoire

ISBN : 979-10-329-0793-1
Dépôt légal : 2022, octobre
© Emmanuelle Seigner et les Éditions de l'Observatoire, 2022
170 *bis*, boulevard du Montparnasse, 75014 Paris

À mon père.

Je viens de marcher dans la montagne, une heure ou deux. J'ai besoin de marcher. J'arrive sur la petite place du village, elle est déserte. Pas âme qui vive. Le jour se lève. Étrange atmosphère du confinement.

Dès que je rentre, je me mets à écrire. Je suis artiste interprète et la dernière chose que je pensais faire dans ma vie était d'écrire un livre. Mais j'ai eu besoin de raconter cette histoire folle. L'histoire de ma famille, une famille heureuse et aimante dont la vie a basculé en 2009 dans une affaire vieille de plus de quarante ans.

Je suis la femme de Roman Polanski. Pour beaucoup, Roman Polanski est devenu l'incarnation d'une époque, un symbole, un révélateur. Il est, et c'est selon qui vous êtes, un mythe, un monstre, un survivant, un génie, un salaud.

Ce n'est pas cela dont je veux parler, mais de moi, de nous, de ma famille, de ce que nous avons ressenti. Les affaires judiciaires sont des ogres qui dévorent tout sur leur passage. Il me faut raconter ces dix mois cauchemardesques qui ont suivi l'arrestation de Roman en Suisse, déclenchée par la demande d'extradition abusive d'un procureur américain. Cette histoire, bien malgré nous, est devenue la nôtre, la mienne. Que faire quand on voit que la vérité est déformée à chaque instant ?

J'ai gardé le silence trop longtemps. Puis j'ai reconstitué avec patience le puzzle de cette affaire, pas comme un juge ou un avocat, mais comme un témoin principal.

Notre vie a été incendiée. Le feu a tout détruit. Mais le temps passe. Et peu à peu, j'en suis sûre, la nature reprendra ses droits.

Aujourd'hui le livre est terminé, je dois en parler à ma famille, à Roman, à mes enfants. Expliquer pourquoi il est important qu'il reste quelque chose de cette histoire. Pour nous, mais aussi pour la postérité. Je ne tiens pas à raconter ma vie, juste ce qui s'est passé, au nom des faits.

C'est enfin le point de vue d'une femme que je veux donner, car moi aussi j'ai été condamnée, au seul motif d'être l'épouse de.

Alors j'ose espérer que ce récit des événements, précis, articulé, permettra de mieux les comprendre. À une époque où la vérité est souvent sacrifiée, où l'on préfère ce qui est vraisemblable à ce qui est vrai, j'ai voulu allumer un contre-feu.

1

Jamais je n'oublierai le 26 septembre 2009. Je passe ce samedi à Montrouge, en studio pour répéter avec mes musiciens. Mon second album va sortir. La séance terminée, j'appelle Roman depuis ma voiture. Cela fait quatre fois que j'essaie de le joindre. Étrange, ce silence. Aucune raison de m'inquiéter, mais d'habitude il me téléphone souvent. Est-ce qu'alors je chantonne l'un de mes nouveaux morceaux ? « Alone, alone à Barcelone, je ne suis pas une madone, le bon Dieu me pardonne, dis, combien tu me donnes ? » Une fois à la maison, j'embarque mon fils, Elvis, onze ans, et je l'emmène dîner au restaurant, près de chez moi. On expédie le repas, ma fille, Morgane, seize ans, attend à la maison.

Puis, les minutes s'écoulent, soudain pesantes. Je reste sans nouvelles, mon portable à la main. Les enfants se replient dans leur chambre. Mon fils s'endort.

C'est alors que Roman me téléphone enfin. Il est 22 heures. Ma vie va basculer, dans l'ombre de la sienne, et je ne le sais pas encore. Ai-je assez savouré l'émerveillement de former avec ces trois-là une famille normale ? Mais c'est trop tard. Roman émet un petit rire nerveux. Ses mots cognent mes oreilles, mon cerveau, mon cœur : « Ils m'ont arrêté, c'est dingue ! Ils m'ont arrêté à la descente de l'avion. »

Un brouillard m'envahit. Comment est-ce possible ? Qui lui fait ça ? la Suisse, ce pays qu'il adore, où nous passons nos vacances depuis toujours ? Ce matin, Roman est parti tout content. Le Festival du film de Zurich devait lui décerner un prix d'honneur pour l'ensemble de son œuvre. « Nous espérons vous divertir et faire en sorte que votre séjour soit palpitant et exaltant », avaient écrit les organisateurs. Il était invité d'honneur. C'est ça, « invité ». Pas arrêté. Pourquoi « arrêté » ? Je ne peux pas y croire.

Pas le temps de réfléchir. Roman me demande de joindre son avocat américain Doug Dalton : « Il t'expliquera. » Vite, il me dicte le numéro de téléphone, puis me raccroche au nez. Je comprends qu'il n'est pas seul. La police est là. On ne le laisse pas s'éterniser. Je l'imagine menotté, assis sur une chaise en fer sous les regards lourds des hommes qui l'entourent. Je reste sidérée. Est-ce que c'est une blague ?

En quelques mots secs et précis, Doug Dalton m'expose la situation. Il me raconte qu'un avocat suisse a été dépêché auprès de Roman par les organisateurs du Festival de Zurich. « On va tout faire pour le sortir de là. » Un mandat d'arrêt international a été lancé. Polanski, matricule B88742Z, est *wanted*. Et la justice suisse a décidé de l'arrêter. Comment ? Pourquoi ? Dalton parle vite, les mots se bousculent, j'ai du mal à saisir. Le procureur, le juge… Quoi, c'est encore cette vieille histoire de 1977 à Los Angeles ? Les photos pour *Vogue*, la plainte de la mère... Mais je croyais le dossier au grenier depuis longtemps !

On ne peut arrêter Roman pour ça, trente-deux ans après, c'est absurde. Il a reconnu sa faute, une « relation sexuelle illicite avec une mineure ». Et il a purgé sa peine. Quarante-deux jours d'emprisonnement abusif prononcé par un juge perverti par les médias. Il a dédommagé Samantha. Peut-être a-t-il eu tort de s'enfuir. Mais que faire quand les avocats affolés vous laissent entrevoir des décennies de prison parce qu'un juge a trahi sa parole et la loi américaine ?

2

Je ne sais qu'une chose, l'homme que j'aime est arrêté, je trouve ça injuste, incompréhensible, et je panique. Je m'accroche à mon téléphone. L'avocat Hervé Temime, d'abord. C'est un ami. Il sait me faire rire. Mais ce soir, j'ai besoin qu'on m'explique. D'abord stupéfait, scandalisé, il évoque *Wanted and Desired*, le documentaire sorti un an plus tôt révélant un aspect des plus scandaleux de l'affaire, et la réaction agressive des avocats américains de Roman, qui ont relancé la procédure en croyant les arguments du film suffisamment percutants pour en finir avec ce dossier. Rien qui me rassure. Est-ce que les Suisses risquent d'extrader Roman dans les jours qui viennent, demain, dans la nuit ? Mais pourquoi l'ont-ils arrêté alors que ce pays est sa seconde patrie, que nous avons une maison là-bas ?

Les autorités françaises ne peuvent pas laisser faire ça, accepter sans mot dire que nos voisins suisses extradent un ressortissant français, franco-polonais plus précisément. Il faut alerter le Quai d'Orsay, il est tard, je ne connais personne, et je m'affole. Je dois réagir, sauver Roman, essayer d'une manière ou d'une autre. J'ai parfois croisé Carla Bruni dans ma vie de mannequin. En passant par une amie, je me démène pour trouver son numéro de portable et je l'appelle à minuit. J'ai honte, mais tant pis. Elle me répond gentiment, je l'informe de la situation.

Puis je téléphone en larmes à mes parents, puis à ma plus jeune sœur : « Est-ce que tu peux venir ? » Marie Amélie comprend tout de suite que c'est grave et débarque illico. En l'entendant arriver, ma fille, qui est très perspicace, comprend qu'il se passe quelque chose. « Ton père a été arrêté pour cette histoire... » Elle est au courant. Un copain de classe a un jour insinué que son père avait violé quelqu'un. J'en ai parlé à Roman qui, en l'emmenant à l'école, lui a raconté ce qu'il s'était passé. Ce soir, choc énorme, c'est l'arrestation qui la bouleverse. Et elle pleure. Elle finit par s'endormir dans mon lit. Ma sœur rentre chez elle. Les heures passent, angoissantes, je ne dors pas de la nuit. L'ambassadeur de France aux États-Unis me téléphone pour me dire qu'il est au courant de l'arrestation mais ne me rassure pas trop. J'ai hâte que le jour se lève.

Vers 11 heures, le ministre des Affaires étrangères, puis le ministre de la Culture, appellent. « Parlez-en à vos enfants, conseille-t-il. Dans une heure, l'information est partout. » Mon fils avait connu la veille un gros chagrin. Il avait été contraint de renoncer au chat dont il rêvait en découvrant qu'il était allergique. Mais là, c'est mille fois plus grave. Je vais le voir, je le prends dans mes bras, je l'assieds à côté de moi. C'est compliqué, il n'a que onze ans. « Il s'est passé une chose, il y a très longtemps. Ton père a eu une relation avec une fille qui était trop jeune, ce n'était pas légal. Il y a eu un méchant juge… » Il me coupe : « Maman, je ne suis pas un bébé ! » Lui aussi est dévasté. Désormais, nous dormirons tous les trois dans la même chambre, Morgane avec moi, Elvis sur un matelas par terre.

Mes parents prennent le relais auprès d'eux. Ils sont arrivés tôt, sens dessus dessous, ils adorent Roman. En week-end dans le sud de la France, Hervé Temime avait immédiatement décidé, dès mon appel samedi soir, de prendre un avion le matin pour Paris : « Je vais avec toi à Zurich. » Je réserve deux chambres dans un hôtel près du lac. À midi, ce dimanche 27 septembre, la nouvelle de l'arrestation de Polanski explose. Le téléphone ne cesse de sonner. Mes amis me plaignent, on me soutient, on s'indigne. À la télé, sur les ondes, sur les réseaux sociaux, j'entends des approximations, des âneries. Soudain, le mot « viol » est prononcé. Calomnie. Roman n'a pas été condamné pour viol, mais pour relation illicite avec une mineure. Les mots ont un sens. En bas, devant l'immeuble, les caméras fleurissent. À l'aéroport aussi, les paparazzis sont là, prêts à me traquer.

Je n'ai qu'une idée fixe : sortir Roman de ce piège insensé, vite, pas une seconde à perdre, on m'a dit qu'il risquait d'être extradé dans les quarante-huit heures. On atterrit, l'hôtel est très joli, c'est idiot d'y faire attention, je vois des signes partout. Lorenz Erni, l'avocat helvétique contacté par le Festival, nous attend. Cet homme que je ne connais pas déroule le dossier d'un ton concentré, avec cet accent suisse et

17

une méticulosité qui soudain m'angoissent. J'espérais que Roman allait être relâché ce soir ou demain. Mais Me Erni explique que la procédure d'extradition est en allemand, elle sera écrite et jugée par un tribunal en Suisse. Il assène que la loi helvétique ne prévoit dans ce cadre précis aucune possibilité de remise en liberté. Pourquoi devrait-il être enfermé ? Je ne veux pas saisir, il y a un contresens quelque part. J'essaie de me dire que Roman s'est trompé d'avocat, ce type est dangereux. Prise de panique, j'ai l'impression d'avoir été jetée dans une essoreuse. Je me lève en vacillant, et je quitte la pièce. Je me répète en pleurant : « Est-ce que je vais me réveiller ? »

Hervé Temime me rassure. Je ne dois pas m'affoler. On va faire ce qu'il faut. Lorenz Erni, en effet, se révélera un merveilleux avocat. Pour le moment, il annonce qu'il viendra nous chercher le lendemain. À 5 heures du matin, pour échapper aux médias. Le soir, pour me détendre, Hervé m'emmène marcher au bord du lac, puis nous dînons ensemble en essayant d'être optimistes.

Lundi 28 septembre, il fait gris, Lorenz est là, à l'heure dite. Je grelotte de froid, nous roulons en silence dans le brouillard. Le jour n'est pas encore levé. Hervé risque quelques plaisanteries, mais ça tombe à plat. Le voyage n'en finit pas, une heure d'une tristesse absolue.

J'appréhende de voir Roman, redoutant l'état dans lequel je vais le trouver. Je n'ai strictement rien apporté, ni livres ni vêtements, tant j'étais convaincue que les Suisses ne pouvaient que le libérer. J'ai juste une lettre de Morgane. Dans le taxi qui nous conduisait à Orly, elle m'a appelée pour me dire de ne pas la remettre à son père : « Ça va lui faire plus de mal que de bien. » Temime s'est interposé : « Dis-lui qu'il faut quand même la donner ! Pourquoi elle ne veut plus ? » Morgane a répondu : « Ouvre la lettre et demande à Hervé de la lire, laisse-le décider. » Il la lui donnera.

C'est un centre administratif, un bâtiment moderne en pleine campagne. Lorenz Erni nous prie de l'attendre dans la voiture le temps de régler les formalités. Les minutes passent, ça n'en finit pas. Je frissonne en ne cessant de me demander si tout cela est bien réel. Enfin, il vient nous chercher.

Roman se tient dans une petite pièce nue, avec un lit à une place, une table ronde, trois chaises, et des gardes en uniforme derrière la porte. Il me paraît un peu euphorique, une euphorie étrange, fruit d'un état de choc. Avec une sorte d'avidité, il me presse de questions, comment ça va, et les enfants ? Il passe en revue la famille, sur le point de craquer. Il est si frêle. Brusquement, je me souviens qu'il a soixante-seize ans.

L'après-midi, l'avocat doit annoncer que Polanski refuse la demande d'extradition vers les États-Unis. Que va-t-il se passer ? Quand nous partons, Roman a les larmes aux yeux.

3

Je suis soudain plongée dans un univers qui me dépasse complètement. L'impression d'être dans un film. Cette histoire avec Samantha s'est passée en 1977, elle-même lui a pardonné, et il lui a présenté ses excuses. Nous sommes en 2009 et le voilà en prison ! Tout cela n'a rien à voir avec l'homme dont je partage la vie depuis un quart de siècle. Je me sens perdue, impuissante, tout se mélange dans ma tête. Que doit Roman à la justice pour mériter un tel traitement ?

Après l'avoir vu, je rentre avec Hervé à Paris. Nous sommes accueillis par des paparazzis à l'aéroport. Il est midi, on se précipite dans un taxi. Le président Sarkozy me téléphone pour me dire qu'il ne me laissera pas tomber. Le Quai d'Orsay se mobilise. Dans le milieu du cinéma, j'apprends qu'une pétition se prépare. C'est bien, le pays est sur le pied de guerre. La France n'extrade pas ses ressortissants. Les Américains tentent de contourner cet obstacle juridique en misant sur la complicité de la Suisse. J'aimerais qu'on défende Polanski parce qu'il vit une injustice, non parce qu'il est une célébrité, mais ça me rassure de sentir que tout le monde est derrière nous.

À l'arrivée dans ma rue, je découvre que d'autres paparazzis m'attendent devant chez moi. L'enfer commence. Les médias se déchaînent. L'homme qu'ils défendent mal ou accablent trop vite en grossissant le trait, refusant toute nuance, usant des accusations comme de slogans, n'est pas celui que je connais. Roman a des défauts. Parfois maladroit, cassant, rigide, autoritaire, il a tendance à nous parler comme s'il dirigeait un tournage. Mais il est respectueux, attentionné, tendre. Incapable de forcer qui que ce soit. Incapable à son époque célibataire de s'empêcher de séduire, ça je veux bien le croire, je le savais, on en plaisantait, et ça ne me déplaisait pas quand je l'ai épousé. Mais forcer quelqu'un ? Jamais.

Personne ne me fera dire que Roman n'a pas fait d'erreur dans sa vie. Mais je sais que sa faute a été commise il y a trente-deux ans dans des années follement libres. Une vieille histoire qui ne m'avait pas interpellée plus que ça, étant donné le contexte de l'époque. J'avais tellement été impressionnée par le meurtre effrayant de Sharon. Je savais que Samantha allait avoir quatorze ans, qu'elle avait déjà un petit ami de dix-sept ans, qu'elle était très libérée, avait une vie sexuelle et rêvait de devenir une star de cinéma. Je savais que sa mère – une comédienne de trente-quatre ans – l'avait présentée à Roman pour poser dans un reportage photo commandé par le magazine *Vogue Homme* qui voulait comparer les jeunes filles françaises aux américaines. Moi-même, j'ai été mannequin à quatorze ans, en 1980. Plein de filles, dans ce milieu de la mode, couchaient avec les photographes. Ainsi jouait l'époque. On célébrait les lolitas, au cinéma, dans les livres et les magazines. Je ne dis pas que c'est bien ni souhaitable, sûrement pas. Mais c'était l'air du temps. Et on n'entendait personne le déplorer publiquement. Personne.

Mes amis m'appellent à mon retour de Zurich. Tout le monde est horrifié qu'on traque Polanski trente-deux ans après. Les chaînes de télévision traitent le sujet en boucle, toute la journée de ce lundi 28 septembre. Les commentateurs disent un peu n'importe quoi, ils ne connaissent pas le dossier. Le téléphone n'arrête pas de sonner. On me souhaite du courage, on soutient Roman, qui, en début d'après-midi, annonce par la voix de son avocat qu'il refuse évidemment son extradition.

À Zurich, en signe de solidarité, le réalisateur Jan Kounen retire de la compétition son film *Coco Chanel et Igor Stravinsky*. Les organisateurs du festival de cinéma placardent sur leurs murs des affiches de protestation : « Libérez Polanski », « Pas d'extradition ». « Nous voulons voir Polanski » − « l'un des cinéastes les plus extraordinaires de notre époque ». Ce jour-là, à peine quarante-huit heures après son arrestation, la pétition internationale dont on m'a parlé le matin est rendue publique. Ont signé Costa-Gavras, David Lynch, Martin Scorsese, Ettore Scola, Jeanne Moreau, Bertrand Tavernier, Marco Bellocchio, Wong Kar-wai, Fanny Ardant, Tony Gatlif, Kate Winslet, Natalie Portman... Des réalisateurs et des artistes du monde entier y réclament la « remise en liberté immédiate » de Roman Polanski et jugent « inadmissible qu'une manifestation culturelle internationale rendant hommage à l'un des plus grands cinéastes contemporains, puisse être transformée en traquenard policier ». Quantité d'institutions du cinéma, du Festival de Cannes à la Société des auteurs compositeurs dramatiques (SACD) en passant par la Cinémathèque française, y sont allées de leur paraphe.

Une seconde pétition, initiée par Bernard-Henri Lévy, est publiée : « Appréhendé comme un vulgaire terroriste, samedi soir, 26 septembre, à Zurich, alors qu'il venait recevoir un prix pour l'ensemble de son œuvre, Roman Polanski dort désormais en prison. Il risque l'extradition vers les États-Unis pour une affaire vieille de trente ans dont la principale plaignante répète à cor et à cri qu'elle a oublié cette histoire et abandonné toute idée de poursuites. Âgé de soixante-seize ans, rescapé du nazisme et des persécutions staliniennes en Pologne, Roman Polanski risque de finir sa vie dans une geôle pour des faits qui devraient être normalement prescrits en Europe. [...] » Suivent les signatures de Steven Soderbergh, Sam Mendes, Paul Auster, Isabelle Adjani, Louis Garrel, Milan Kundera, Salman Rushdie... Je ne pense pas que Roman devrait être remis en liberté parce qu'il est rescapé du nazisme. J'espère juste que ce passé lui permettra de supporter l'humiliation d'une détention.

Bernard Kouchner, le ministre des Affaires étrangères, déclare sur les ondes qu'il a écrit, avec son homologue polonais, à la secrétaire d'État américaine, Hillary Clinton. Quant au ministre de la Culture, Frédéric Mitterrand, il assène à Europe 1 : « Il y a une

Amérique généreuse que nous aimons, il y a aussi une certaine Amérique qui fait peur, et c'est cette Amérique-là qui vient de nous présenter son visage. » Même la directrice générale de l'Unesco, la Bulgare Irina Bokova, monte au filet : « C'est choquant. » Puis elle ajoute qu'il s'agit d'une « personnalité intellectuelle mondialement connue ». Cette formidable unanimité pour Roman lui va sûrement droit au cœur. Il en a besoin pour espérer. À moins que ça le déprime. Son statut de VIP n'a rien à voir avec la morale et la justice. Au contraire, il l'a desservi, je pense. En tout cas, la seule question qui vaille réside ailleurs : est-il juste ou injuste d'un point de vue légal de l'avoir arrêté et d'envisager de l'extrader ?

En tout cas, moi, je suis mal à l'aise. C'est bien, ce soutien massif, certes. Une vraie chance. Mais ça m'énerve, ça peut se révéler catastrophique. À quoi ça rime ? Leur axe, c'est de défendre l'artiste. Moi, ça ne m'intéresse pas de défendre l'artiste, si génial soit-il, c'est contre-productif. Je veux qu'on défende l'homme.

4

Notre fille Morgane ne veut plus aller au lycée. Elle reste au fond de son lit, complètement bouleversée. L'emprisonnement de son père, les médias qui nous traquent, la focalisation mondiale sur notre famille lui sont insupportables. Elvis, lui, décide de retourner au collège et d'y retrouver ses camarades de sixième. On passe par le parking pour éviter les paparazzis.

J'essaie de me motiver malgré ma torpeur. Il faut s'occuper de la maison, répondre au téléphone, discuter encore et encore avec les avocats. Ma tête est ailleurs, dans la petite cellule nue de Zurich. Rien ne va assez vite à mes yeux. J'ai compris que l'affaire n'allait pas se régler en deux ou trois jours, mais au fond je ne l'accepte pas, ça me soulève le cœur. J'oscille entre le désarroi et la colère, une colère énorme, qui me submerge quand j'entends parler de Roman avec des à-peu-près ou des sous-entendus.

Je pense à lui, abandonné dans son lieu de détention provisoire. Que vont-ils en faire ? Je l'imagine, embarqué menotté dans un avion pour Los Angeles, puis j'efface instantanément cette vision cauchemardesque. Je ne vois pas l'intérêt pour les Suisses de livrer

Polanski. Et pourtant, ils l'ont arrêté. Je ne vois pas l'intérêt pour les Américains de réclamer son retour dans l'espoir de relancer une procédure que Roman et Samantha considèrent comme terminée. Et pourtant, ils s'entêtent, trois décennies plus tard. Rien n'est rationnel dans cette histoire. Donc tout peut arriver, ça me rend folle. Morgane fait des crises d'angoisse, j'appelle plusieurs fois SOS Médecins. J'aimerais tellement effacer ces jours de septembre, éviter à mes enfants toute cette souffrance.

Jérôme Seydoux, le grand patron de Pathé, passe me voir à la maison. Il a produit *Le Scaphandre et le Papillon*, le beau film de Julian Schnabel récompensé en 2007 à Cannes, dans lequel j'ai adoré jouer. Il a financé aussi plusieurs films de Polanski, y compris *The Ghost Writer*, celui qui doit sortir l'an prochain. Il m'apporte des chocolats, comme si j'étais malade. Je le suis en effet, malade, d'appréhension. « Si tu as besoin d'aide, n'hésite pas », me dit-il. Cette attention me touche.

Le téléphone de la maison sonne dans la nuit. Personne n'appelle jamais à ce numéro. Je panique, c'est peut-être la prison, Roman s'est suicidé. Je m'extrais de mon lit en essayant de ne pas réveiller les enfants, je me précipite sur le combiné et j'entends : « *Hi, Emmanuelle, this is Jack.* » Je reconnais la voix de Jack Nicholson. Il répète : « C'est dingue ce qui arrive, vraiment dingue. » Il ne comprend pas qu'on pourchasse Polanski trente ans après, alors qu'il a déjà purgé une peine dans une prison américaine. Je suis d'accord avec lui, je connais tous les arguments, j'en ai plein

28

la tête, je suis épuisée. « Jack, il est 5 heures du matin à Paris ! »

Le 29 septembre paraît dans *Le Monde* une tribune de l'universitaire Alexandre Tylski qui, autrefois, avait consacré un ouvrage à la « signature cinématographique » de Roman. « On ne peut que déplorer [...] un certain nombre de jugements à l'emporte-pièce faisant passer Polanski pour une star au-dessus des lois », écrit-il. Très justement, il assure que c'est en fait le contraire qui se produit. S'il n'avait pas été célèbre, l'affaire aurait été réglée en 1978. « On entend parler d'inégalité, mais aussi de viol, et de fuite devant ses responsabilités, alors que l'homme a été condamné pour "relation illégale" et a purgé sa peine de prison. Il [a quitté] les États-Unis face à la menace d'un deuxième procès mené par le seul juge Rittenband, ensuite démis de l'affaire à cause de ses dérives et excès de pouvoir. » Cela me fait du bien de voir écrite, simplement, la vérité.

Mon album doit sortir le 2 novembre, mais ça n'a plus aucun sens. Normalement, je devrais continuer à enchaîner les répétitions, commencer la promotion. Mais c'est hors de question. Patrick Péan, mon manager de musique, m'appelle, plein d'empathie. Il est d'accord pour tout arrêter. Pas plus que moi il ne m'imagine susurrer en public dans un mois la chanson titre : « J'suis dingue, tout le monde dit que j'suis dingue, il n'y a qu'toi qui m'distingue. » À pleurer de rire, dans la situation actuelle. Je n'ai aucun regret. Rien n'a d'importance, à part trouver une solution pour arracher Roman à sa prison. On repousse la sortie de l'album au 8 février. Un pari sur l'avenir proche. Dans quatre à cinq mois, cette histoire sera forcément derrière nous, et j'aurai eu le temps de m'en remettre.

Au bout de quelques jours, la justice suisse le transfère à la campagne, au milieu de nulle part, dans un ancien monastère, devenu ensuite un asile psychiatrique, mais désormais abandonné. Bien à l'abri des curieux et des médias. Une immense bâtisse isolée, avec de longs corridors et une centaine de chambres, toutes vides. Ambiance à la Stephen King version *Shining*. Roman est l'unique occupant du lieu. Quand les gardes décident qu'il a besoin de s'oxygéner, ils l'emmènent faire le tour du chêne solitaire, planté au milieu de la cour, qu'il aperçoit de sa cellule. Il reste dix jours dans ce monastère. Les Suisses ne savent pas quoi faire de lui, et je me mets à rêver que, pris de remords, ils vont peut-être le libérer. Oui, je rêve.

Hervé Temime a convaincu Me Erni de demander la mise en liberté de Roman. Erni était très pessimiste. On n'a jamais vu libérer un homme ou une femme menacés d'extradition. Il craint aussi que cette démarche inhabituelle n'indispose le juge. Bref, on attend la décision du magistrat. On ne peut pas exclure, me dit-on, que Roman soit coincé là pendant des mois et des mois. Je vais le voir le 2 octobre. La mort dans l'âme, je lui prépare une valise. Ma fille m'aide. Qu'est-ce qu'on prévoit ? « Si on lui met trop de choses, il va penser qu'il est là pour très longtemps, dit Morgane, mais il faut en mettre suffisamment pour qu'il se sente bien. » On entasse de la musique, son

30

ordinateur, un plaid, et, calés entre ses chaussettes, les DVD de la copie de travail de *The Ghost Writer*, qu'il avait commencé à monter quand il a été arrêté. On ajoute des noisettes et des chocolats. C'est un moment terriblement triste.

Roman a demandé à rencontrer, outre Temime, son avocat français historique, Georges Kiejman, ami de longue date. Nous arrivons ensemble à Orly, mais je ne peux pas embarquer. Alors que j'attendais tant de revoir Roman, j'ai oublié mon passeport, acte manqué comme disent les psychanalystes. Les deux hommes partent sans moi, je dois prendre l'avion suivant. Mon oubli m'inquiète.

La visite a été organisée dans l'enceinte de l'aéroport, pour me protéger des paparazzis, attirés comme des vampires par le malheur, renseignés par on ne sait qui — la compagnie aérienne, je le crains. Pour les éviter, la police vient me chercher jusque dans l'avion. Cela me fait honte, tous les passagers me dévisagent. Les flics ne sont pas en uniforme mais on ne peut se tromper sur leur fonction. On se retrouve dans une grande salle impersonnelle. Il y a là, autour d'une table ronde, les trois avocats, les Français et le Suisse, l'ambassadeur de France, ainsi que l'ambassadeur et le consul polonais. Quand j'arrive, Roman trouve que j'ai maigri. Il s'inquiète pour nous, les enfants et moi, trouve que je m'en sors bien. Je lui raconte. Mes parents viennent dîner presque tous les soirs, mes sœurs aussi. Nous sommes assiégés par les médias. Sortir de la maison devient laborieux, angoissant. Une dizaine de photographes ont élu domicile sur le trottoir, au pied de l'immeuble. Quand une amie de ma fille et son frère sont venus lui apporter les devoirs, ils les ont pris pour nos enfants et les ont mitraillés. Les paparazzis rôdent aussi aux portes de l'école d'Elvis.

« Je suis désolé », répète Roman. Je ne sais pas si j'aurais supporté d'être seule avec lui ce jour-là.

5

Mon agent m'appelle pour me proposer un rôle. Je l'arrête : « Laisse tomber, je suis déjà dans un film. » Toute cette affaire — l'arrestation, les pétitions, les paparazzis, le flot de commentaires — se déroule devant moi comme à mon insu. Cette histoire ne me concerne pas, elle ne nous ressemble pas, je la vis derrière une vitre opaque. Depuis le 26 septembre, l'attente est un supplice lancinant. Notre vie familiale ressemble soudain à un puzzle éparpillé dont j'essaie de rassembler les morceaux. Je dois reprendre la main, je vais y arriver, on ne va pas se laisser faire.

Et d'abord essayer de comprendre. Comment en sommes-nous arrivés là ? Par éclairs, j'en veux à Roman. Il n'aurait pas dû nous précipiter tous les quatre dans cette situation. Il aurait pu gérer, anticiper, régler ses problèmes avec la justice américaine. Et pourtant non, ce poison de la rancune me quitte aussi vite qu'il m'effleure.

Roman a fait comme il a pu. D'ailleurs, il ne m'a jamais rien caché de sa vie. Absolument rien. Dès le début, j'ai toujours su qui il était, dans les détails.

Je l'ai aimé comme tel. J'ai fait mon choix en connaissance de cause.

Dans ma solitude, la nuit, je revisite ma vie. Si je n'avais pas décidé de gagner mon argent de poche en devenant mannequin, à quatorze ans, je ne serais peut-être pas là à me morfondre en attendant qu'on libère mon mari. Mon père et ma mère tenaient une boutique de décoration. Nous habitions dans le même immeuble que mes grands-parents, eux au cinquième, nous au premier. Mon grand-père, Louis Seigner, comme ma tante Françoise, était sociétaire de la Comédie-Française. Toutes les semaines, je l'accompagnais là-bas, dans les coulisses et dans sa loge. Mes deux sœurs et moi, nous montions goûter chez eux après l'école, en l'absence de nos parents qui travaillaient. J'étais l'aînée. Je m'occupais volontiers des petites. Mathilde est née quand j'avais dix-huit mois, ce n'est jamais facile de partager l'amour des parents à cet âge. En grandissant, nous sommes devenues plus complices. Nous dormions dans la même chambre et, le soir, je faisais semblant d'allumer une télévision imaginaire puis elle me racontait des histoires, les aventures de Cunégonde et Georgette, des personnages qu'elle avait inventés. Mon autre sœur est née quand j'avais sept ans. Je m'occupais d'elle de façon plus sereine. Plutôt raisonnable, j'aimais bien me prendre en charge.

L'agent Dominique Besnehard m'a repérée lors d'un casting pour une pub que j'ai faite à seize ans avec le cinéaste Jean-Paul Rappeneau. Il s'est mis à appeler mes parents, en s'obstinant. Il voulait absolument que je fasse du cinéma, mais à l'époque ça ne m'intéressait pas. Je n'avais pas envie d'être actrice, je baignais tellement là-dedans. Jean Gabin venait souvent voir mon grand-père. Ma grand-mère aussi était montée sur scène avant d'avoir ses enfants. Elle était pensionnaire au théâtre de l'Odéon, alors annexe de la Comédie-Française, d'où sa rencontre avec mon grand-père. En famille, on ne parlait que de cinéma et de théâtre, c'était étouffant... Pour moi, la rébellion, c'était de ne pas faire ça.

Et voilà, finalement, je suis devenue comédienne. En fait, je rêvais d'être chanteuse dans un groupe de rock. Je le suis devenue beaucoup plus tard. J'ai interprété une chanteuse de variétés dans le film d'Emmanuelle Bercot *Backstage*, et grâce à cela j'ai enregistré mon premier album rock avec le groupe Ultra Orange intitulé *Ultra Orange et Emmanuelle*. Un joli succès. Mon nouvel album, *Dingue*, dont on a reculé la sortie, est composé par Keren Ann. Il joue sur une autre corde, en solo, en douceur. Pour l'instant, c'est ma vie qui est rock and roll.

Dominique Besnehard est un homme gentil, intuitif, si drôle ! Nous sommes devenus amis. Il a fini par me présenter à Jean-Luc Godard ; je n'y tenais pas tellement. Pourtant, j'ai finalement accepté de tourner avec lui dans *Détective*. C'était mon premier film. J'ai détesté. Il y avait là Johnny Hallyday, Nathalie Baye, Claude Brasseur, Laurent Terzieff, de grands acteurs, et Godard faisait attendre tout le monde pendant des heures. Je ne comprenais pas que personne ne proteste. Plutôt sauvage à l'époque, je n'étais pas une fille docile. Et puis je m'en fichais. L'idée de faire carrière était à des années-lumière de mes ambitions du moment. La pub me suffisait, j'avais juste besoin de gagner un peu d'argent pour me faire plaisir et m'acheter des vêtements. Oui, je sais, ce n'est pas politiquement correct d'avouer ça.

Peu de temps après, en octobre 1984, Dominique Besnehard insiste pour que je rencontre Roman Polanski. J'ai dix-huit ans. Moi, ce genre de cinéaste qui avait à l'époque la réputation de coucher avec plein de filles ne m'attirait pas du tout. J'avais une aventure avec le boxeur Stéphane Ferrara, qui interprétait aussi un rôle dans *Détective*. Lui et Polanski se fréquentaient dans un gymnase, il l'aimait bien et m'a conseillé de le voir. J'ai fini par dire oui à Dominique Besnehard qui a réalisé là, comme le dit Roman, « le plus beau casting de sa carrière ».

Nous nous retrouvons pour dîner, Dominique et moi, avec Polanski, qui nous emmène ensuite chez Michou, où il cherchait un comédien pour son prochain film. Puis il me ramène chez moi. Il ne s'est rien passé entre nous, il m'a juste demandé mon numéro. Je l'ai trouvé intelligent et charmant. Séducteur, mais élégant. Ce type semblait avoir 32 ans alors qu'il en avait vingt de plus. Il est parti tourner son film franco-tunisien *Pirates*. Les mois ont passé.

En février 1985, j'ai eu un accident à la montagne où je passais des vacances chez une amie. Je me suis sectionné les ligaments de la cheville, on a dû me rapatrier à Paris et m'opérer d'urgence. Roman a choisi cette période pour réapparaître et appeler à la maison. Ma petite sœur Marie Amélie, sur qui il est tombé, lui a expliqué que j'étais à la clinique et lui a donné l'adresse. Il a débarqué avec un Walkman.

Évidemment, j'étais très touchée. Mais quand il m'a proposé de venir le voir sur le tournage qui allait se poursuivre en Tunisie, j'ai esquivé. Franchement, je n'étais pas très chaude. Il y avait des groupies autour de lui et je n'avais aucune envie de faire partie du lot. Certaines filles étaient amoureuses, d'autres convoitaient un rôle. Il y en avait même qui couchaient devant sa porte. C'était un grand metteur en scène assez mythique, sexy, marrant, un peu arrogant, avec un accent et cette allure extrêmement jeune.

Un peu plus tard, il m'a offert son autobiographie, *Roman par Polanski*, publiée trois ans plus tôt chez Robert Laffont. Je l'ai lue chez mes parents. Ce livre formidable, sincère m'a fait craquer. L'ex-petit garçon du ghetto de Cracovie a eu une vie passionnante et effrayante. Comme il insistait, je suis partie passer les vacances de Pâques en Tunisie. Là-bas, j'ai compris qu'il était réellement amoureux, et tout a commencé. J'allais avoir 19 ans. À cet âge, je n'imaginais pas que je resterais toute ma vie avec lui. Ce n'était pas son âge qui me gênait, mais le mien. Je me trouvais trop jeune pour me caser, tout en étant fascinée, très amoureuse. Mais j'ai tout fait très tôt. Outre sa gentillesse et son sex-appeal, il avait bien autre chose à m'offrir. Il était mille fois plus intéressant que les hommes que je connaissais.

À la rentrée de septembre, il m'a proposé de vivre avec lui. J'ai dit oui. Quatre ans plus tard, il m'a demandée en mariage : « J'en ai marre de dire que tu es ma copine. » Precy, la dame qui nous aide à la maison depuis toujours, le répète à mes enfants : « Votre père amenait un soir une blonde, un soir une rousse, un soir une brune, et un jour votre mère est arrivée et il n'y a plus eu personne. » Nous nous sommes mariés en 1989.

Et maintenant, vingt ans après, en 2009, je me répète ce mantra quand, seule chez moi avec mes enfants, j'ai trop peur du sort que lui réservent les Suisses : oui, sa vie a été tissée de cauchemars et de miracles. Il n'y a pas de raison pour que ça s'arrête. Alors voilà, maintenant, attendons le miracle. En l'occurrence, tout simplement, une décision juste.

6

On peut dire que, par procuration, ma vie à moi aussi a été peuplée de cauchemars et de miracles. J'essaie d'éviter cette pensée sombre alors que la justice suisse refuse de placer mon mari en résidence surveillée comme ses avocats le demandent. Ce serait facile, pourtant, puisque nous avons la chance de posséder cette maison à Gstaad. Un chalet en bois que nous avons nommé Milky Way, « la Voie lactée ».

À quoi ça rime, de le garder en prison ? Cette obstination suisse punit Roman, mais aussi nos enfants, traumatisés, et moi.

Alors que le clip de la chanson « Dingue », lancé sur Internet avant l'arrestation de Polanski, circule déjà, ma maison de disques me suggère de supprimer l'un des titres de l'album dont nous venons de reculer la sortie. Il s'agit d'un duo sarcastique entre Roman et moi, l'histoire d'une fille qui se réveille avec un homme dont visiblement elle a tout oublié, ou préfère tout oublier. À la question : « Qui êtes-vous, monsieur ? Que faites-vous dans mon lit ? », il répond : « Je suis l'amour en personne. » Malvenu par les temps qui courent, me dit-on gentiment, en douceur, évidemment dans mon intérêt. Mais je me braque. Je déteste qu'on m'impose quoi que ce soit. Enlever cette chanson serait trahir Roman, avouer une faute que je n'ai pas commise, que nous n'avons pas commise. Mes disques n'ont aucun rapport avec ma vraie personne, pas plus que la plupart de mes rôles au cinéma. Je ne suis pas déjantée, je n'ai jamais pris de drogue, ni bu. Je ne fais pas la fête jusqu'à 8 heures du matin, je suis la fille la plus ennuyeuse de la planète.

On garde la chanson. Je n'en parle même pas à Roman. Pas question de lui causer plus de soucis qu'il n'en a. Et j'ai des choses tellement plus graves à gérer. J'essaie juste de tenir debout, de survivre avec deux enfants, un mari en prison et les paparazzis qui me traquent. M'occuper de ce disque me paraît secondaire, à la limite indécent.

Je comprends aussi, à cette époque, que la marque Uniqlo pour laquelle je dois peut-être concevoir une collection capsule y renonce. Je suis sur les affiches qui courent sur les bus. On ne peut pas m'en arracher. À la télévision, Laurent Ruquier ricane : « Son mari est en prison, et elle, elle danse. »

Tout ça n'est pas très grave. Mais je prends conscience de la symbiose de nos vies. Pour le pire, parfois. Et pour le meilleur, bien sûr. Avant 2010, j'ai tourné dans une vingtaine de films, dont trois de Roman − et c'est une chance de travailler pour quelqu'un d'aussi talentueux. En même temps, il a fallu que je me démène pour mettre à distance mon étiquette « femme de » et prouver que j'existe par moi-même. Là, en 2009, avant son arrestation, j'avais l'impression d'y être enfin arrivée. Maintenant, le destin m'impose un rôle que je n'ai jamais voulu jouer.

Après dix jours au monastère, Roman est transféré dans la prison de Winterthur, au nord de la Suisse, à vingt minutes de Zurich. Je ne peux toujours pas lui téléphoner, mais lui en a le droit, deux fois par semaine. J'enregistre le numéro de la prison dans mon répertoire pour me rendre disponible dès qu'il appelle, où que je sois. « Je voudrais voir les enfants », réclame-t-il très vite. Qu'ils voient leur père en prison ne m'emballe guère. Le 11 octobre, pourtant, nous allons lui rendre visite ensemble, Elvis, Morgane, et moi.

L'administration pénitentiaire observe que c'est trop dur pour eux de rencontrer leur père entre les murs glacés de cette prison ultramoderne. On nous propose de retrouver Roman au centre de police, juste en face.

Les enfants étaient impatients de revoir leur père, mais comme ils appréhendaient les retrouvailles, ils me posaient plein de questions anxieuses. Le jour de la visite, en leur recommandant instamment d'éviter de pleurer ou de se cramponner à lui, je les prépare trop et mal. Pas très malin.

Elvis et Morgane ont sous le bras de très beaux dessins qu'ils ont réalisés pour leur père. Chaleureux, les policiers nous accueillent vraiment gentiment. Nous atterrissons en silence dans une grande pièce où Roman vient nous rejoindre. C'est poignant. J'ai les yeux rivés sur lui, qui d'abord parle à peu près normalement. Soudain, sa voix devient aiguë, comme s'il se retenait de pleurer. Nos enfants s'emploient à paraître joyeux. Ils le sont en partie, tant ils sont heureux de revoir leur père en chair et en os. Mais ils s'interdisent de pleurer, je le sens, c'est visible.

Roman profite de mon téléphone, autorisé dans cette enceinte, pour appeler quelques amis, puis ses producteurs, et enfin l'équipe de *The Ghost Writer*, le film qui est en cours de montage. Il se déride. On reste là peut-être deux heures, en essayant d'être gais. Le départ est horrible. Notre fille craque, elle se cramponne à Roman, refuse de le laisser partir : « Enfermez-moi avec lui ! » Les gardes et moi finissons par lui arracher son père des bras. Une fois dans la voiture, Elvis déclare : « J'ai gagné ! Moi, je n'ai pas pleuré. Mais j'ai pleuré à l'intérieur. » Puis il annonce qu'il a envie d'un McDo, on s'arrête. Les policiers qui nous accompagnent à l'aéroport sont bienveillants, compréhensifs. On repart avec les hamburgers, et ils nous déposent devant la passerelle de l'avion.

Je me sens comme Alice au pays des merveilles, quand elle tombe dans le puits sans fond.

7

De cet épisode avec Samantha, Roman ne m'a jamais rien caché, mais comme je l'ai déjà dit cette histoire ne m'avait pas choquée, étant donné le contexte de cette séance photo, les mœurs du milieu de la culture à cette époque. Quand j'avais dévoré son autobiographie, j'avais été beaucoup plus choquée par les horreurs qu'il a vécues enfant.

J'avais le cœur serré en imaginant ce petit garçon piégé par la faim, la misère et l'ostracisme dans les taudis du ghetto de Cracovie. Je le voyais, tendant le cou à travers les barbelés pour apercevoir les images des films de propagande diffusés en plein air à l'intention des Polonais par les nazis. Fasciné par le mécanisme de la projection, Roman découvre en même temps le cinéma et les slogans qui les ciblent, lui et les siens : « Juifs = Poux = Typhus ».

Sa mère, qui travaille comme femme de ménage chez le gouverneur de Pologne, Hans Frank, et bénéficie d'un laissez-passer, l'emmène avant chaque rafle hors du ghetto, chez les Wilks, des gens payés pour le cacher. Quand il en revient, un jour d'octobre 1942, sa mère n'est plus là. Les nazis l'ont déportée à

Auschwitz, où elle mourra. Il voit ses amis partir. Lors de la rafle suivante, de nouveau envoyé chez les Wilks, il revient le lendemain. À son arrivée, il découvre que sa grand-mère et sa sœur également ont été déportées. Le 14 mars 1943, le ghetto est « liquidé ». Son père le renvoie de nouveau chez les Wilks, mais Roman trouve porte close. Au retour, il croise un convoi de prisonniers, aperçoit son père, tente d'attirer son attention. C'est alors qu'il s'entend ordonner : « Fiche le camp ! » Suit, de l'âge de neuf à douze ans, une vie d'errance qui, je pense, brise à jamais ses illusions sur le genre humain et aiguise, outre son sens de l'humour, une détermination sans faille, et le goût de la fiction, si possible en images.

Sous l'Occupation, le cinéma ne coûte presque rien, car tous les films sont allemands. Sur la façade du cinéma, la Résistance a peint le slogan « Seuls les porcs vont au cinéma ». Pourtant, Roman les fréquente assidûment, et c'est là que ce « cancre » — selon ses mots — apprend à lire, en décryptant les sous-titres. Après la guerre, il gagne ses premiers sous à la radio puis au Théâtre du jeune spectateur. Ensuite, il joue dans un film. Rescapé du camp de concentration de Mauthausen, son père monte à Cracovie un petit atelier de maroquinerie fort de six employés. Il est considéré comme un ennemi du peuple par le pouvoir stalinien. Pas question pour son fils d'être admis dans l'école d'art dramatique où il postule. Grâce à un professeur qui le repère au théâtre, il reste à l'école de cinéma de Łódź. Son premier long métrage, *Le Couteau dans l'eau*, est mal reçu par les autorités communistes, mais il obtient le prix de la critique à Venise et une nomination aux Oscars. Il fera carrière ailleurs, à Paris, à Londres, à Hollywood enfin.

Il s'est forgé dans son enfance terrible un formidable appétit de vivre. Comment aurait-il survécu, sinon, à l'épouvantable assassinat de sa femme, la comédienne Sharon Tate, qui avait vingt-six ans ? Ce drame est gravé dans ma tête. C'était au temps des hippies. Dans la nuit du 8 au 9 août 1969, quatre membres d'une secte animée par un fou furieux au cerveau dérangé du nom de Charles Manson sont entrés dans la propriété que louaient Roman et Sharon à Los Angeles, au 10050 Cielo Drive. On apprendra plus tard que ce gourou démoniaque est convaincu que la maison est encore occupée par son propriétaire Terry Melcher, un producteur de musique qui l'avait frustré en lui refusant un contrat d'enregistrement.

Son projet ? « Détruire tout le monde, aussi horriblement que possible. » Ce fut sauvage : l'un des assassins déclare à une victime : « Je suis le diable et je suis ici pour faire son travail. » Un ami du gardien qui rejoignait sa voiture est abattu. L'épouse de Roman, enceinte de huit mois, est tuée de seize coups de couteau. Les trois amis présents dans la maison sont, eux aussi, pourchassés et assassinés. Avec le sang de Sharon, ces monstres tracent sur la porte d'entrée : « PIG ».

Roman est à l'époque à Londres, où il travaille sur le scénario de son prochain film. Sharon l'avait accompagné, mais elle est repartie trois semaines plus tôt. Trop enceinte pour prendre l'avion, elle a pris le paquebot *Queen Elizabeth II*. Tous deux tiennent à ce que leur bébé naisse sur le sol américain. Ils s'appellent tous les jours. Roman attend son visa pour son retour imminent en Californie. À l'annonce du quintuple meurtre, il s'écrie « Non, non, non ! », se tape la tête contre les murs, s'effondre, « se désintègre », comme dira Andrew Braunsberg, son ami producteur qui lui a tendu le téléphone ce jour-là. Dans son autobiographie, il écrira : « Avant, je naviguais sur un océan d'espoir et d'optimisme sans limite. Après, chaque fois que j'ai eu conscience de m'amuser, je me suis senti coupable. Je brûlais naguère d'un prodigieux feu intérieur. J'étais absolument persuadé que rien ne pouvait me résister si je m'y mettais pour de bon. » C'est fini : « Je n'ai plus été moi-même pendant des années », dit-il encore.

On le bourre de tranquillisants. Ses amis le raccompagnent à Los Angeles où les studios Paramount l'accueillent. Sharon et son bébé mort *in utero* sont enterrés le 13 août. On se relaie pour épauler Roman. La police l'auditionne. Et les rumeurs commencent.

Polanski est alors en pleine gloire. Jusqu'alors abonné aux succès d'auteur indépendant en Europe avec *Le Couteau dans l'eau* et *Répulsion*, il vient de remporter un immense succès à Hollywood avec son premier film produit par les Américains, *Rosemary's Baby*, un thriller fantastique adapté d'un best-seller d'Ira Levin. L'histoire d'une jeune femme enceinte, victime d'une secte plus ou moins satanique de sorciers octogénaires. Après les meurtres, faute de coupables identifiés, les médias cherchent une explication

permettant de faire porter aux victimes la responsabilité du drame. Ainsi que Roman l'écrira, les journalistes attaquent sur deux axes :
- Voilà ce qui arrive aux adeptes de mœurs dissolues.
- Voilà ce qui arrive quand on réalise de tels films, macabres et sulfureux.

Sharon est salie, on raconte des ignominies à son sujet. Qu'elle se droguait, qu'elle se livrait à des orgies. Un journal américain a l'impudence de titrer : « Pourquoi Sharon devait mourir ». Vous vous rendez compte ? Pourquoi Sharon *devait* mourir… C'est la double peine pour Roman qui, déjà brisé par la mort tragique de sa femme, doit supporter ces infamies.

Des magazines comme *Time* et *Newsweek* n'hésitent pas à aligner les insinuations et à rapporter des ragots : « Il y a même un groupe d'amis pour penser que les meurtres ont résulté d'une parodie d'exécution rituelle qui aurait dégénéré sous l'effet impitoyable des hallucinogènes », écrit *Newsweek*. Je m'attarde sur ces détails car je sais que Roman a terriblement souffert de voir détruite sa réputation, surtout celle de la femme qu'il aimait tant et qu'il venait de perdre dans des circonstances atroces. Il lui est resté de cette période une méfiance définitive envers les effets de meute. Il a même été soupçonné par la presse d'être l'auteur des meurtres et il a demandé à être soumis dans le cadre de l'enquête judiciaire au détecteur de mensonges, ce qui fut fait.

Hébergé dans l'urgence dans le studio de la Paramount après les assassinats, il a été invité par le metteur en scène Michael Sarne à s'installer chez lui, à Malibu Colony, le temps de se retourner, mais les voisins ont pétitionné pour réclamer son départ : « La présence chez vous de M. Polanski met nos vies à tous en danger. » L'ami n'a pas flanché. Mais cette lente lapidation à coups de soupçons et de ragots a laissé un souvenir durable dans la mémoire de Roman, qui n'a pas oublié non plus la façon dont, retournant sa veste, la presse a réagi comme si elle l'avait toujours su lorsque, quatre mois plus tard, la « famille » de Charles Manson a été épinglée.

Ces événements et ceux de son enfance expliquent en partie sa défiance à l'égard des médias et de toute pensée collective. Ce sentiment de persécution est aussi, je crois, la clé de son fatalisme, son manque de réaction parfois, quand il est attaqué. La seule fois où il a engagé des poursuites judiciaires contre un article de presse (et il y en eut beaucoup) fut pour dénoncer ce papier abject de l'édition américaine de *Vanity Fair*. Le journaliste avait écrit au début des années 2000 que sur la route des funérailles de sa femme, il se serait arrêté à New York, aurait dragué une fille et lui aurait promis : « Je ferai de toi une nouvelle Sharon Tate. » C'était insupportable pour nous de lire une telle ignominie alors que Roman avait été directement transporté sous sédatifs en avion de Londres à Los Angeles, escorté de ses amis Gene Gutowski, Victor Lownes, et Warren Beatty. Le procès s'est tenu en 2005. Roman, qui ne pouvait se rendre à Londres, m'a demandé de le représenter. Il a gagné.

Là-bas, j'ai rencontré pour la première fois la sœur de Sharon, Debra, qui s'est toujours battue pour que la bande de Manson reste en prison aussi longtemps que possible. Au début de mon histoire avec Roman, nous avions dîné avec la mère de Sharon qui, visiblement, aimait beaucoup son gendre. Pendant tout le procès, Debra m'a tenu la main, ça m'a émue.

Cet assassinat m'a moi-même souvent empêchée de dormir. Roman a perdu sa mère comme son épouse alors qu'elles étaient enceintes. Par moments, je m'identifiais de façon irrationnelle à Sharon, dont le second prénom était Marie, comme moi et qui était aussi l'aînée de trois filles. Ce passé-là m'obsédait par accès...

Pendant des années, une femme prétendit être le bébé de Sharon, affirmant avec aplomb qu'elle avait survécu dans le ventre de sa mère poignardée – alors que l'enfant que Sharon portait, enterré avec elle au cimetière de Holy Cross à Culver, en Californie, était un garçon. C'est dire à quel point certains événements et certaines stars peuvent susciter des constructions démentielles dans l'esprit de personnes fragiles. Cette femme nous envoyait des colis, cadeaux délirants à l'intention de nos enfants, qu'elle considérait comme ses « frère » et « sœur ». Ça me terrorisait. Elle prétendait s'appeler Rosie Tate-Polanski. Née deux ans après le meurtre de Sharon, elle se nommait en vérité Rosie Blanchard.

Un jour, bien plus tard, son fils viendra sonner au portail du chalet. Quand Roman, seul à la maison, lui ouvre, ce jeune aux traits amérindiens lui dit :

« J'ai une lettre de Rosie pour vous. » Éberlué, Roman répond alors : « Qui est-ce ? »

Il ouvre la lettre et la lit. Elle est signée Rosie Tate Polanski.

8

Je songe à Sharon. Plongée dans un passé qui n'est pas le mien, une histoire qui n'est pas la mienne, j'ai dû supporter les comparaisons aberrantes. Certains allaient jusqu'à affirmer – « Mais oui, elle lui ressemble ! » – que Roman avait retrouvé Sharon en moi. Au mépris de notre relation, de notre famille.

Personne ne soupçonne à quel point je suis marquée par la mort de Sharon. Elle et Roman formaient le couple idéal, aimant. Ils étaient jeunes, beaux, talentueux et célèbres. Je me suis souvent sentie écrasée par l'idéal planétaire qu'ils incarnaient. Je n'avais pas imaginé à quel point la violence de ce drame allait me poursuivre. Pourtant, je n'étais pas là pour assurer la succession du couple mythique.

Moi, c'est en tant que femme et mère que Sharon me hante. Cet assassinat horrible d'une femme enceinte, la fascination qu'il exerce, son appropriation sordide par les obsédés du satanisme… comment puis-je vivre avec tout ça ? Je me suis souvent sentie niée, voire instrumentalisée.

Plein de gens, dans le milieu du rock, étaient fascinés par cette sinistre tuerie. Marilyn Manson a choisi le nom de ce gourou détraqué dont les ordres ont privé Roman de sa femme. Lorsque j'ai sorti mon premier album en 2007, on m'a proposé d'assurer la première partie de Kasabian, un groupe anglais qui avait beaucoup de succès. Ils avaient choisi ce nom car c'était celui de l'une des membres de « la famille » de Manson, qui avait fait le guet le soir des meurtres au 10050, Cielo Drive. Un ami m'a prévenu d'un détail sordide supplémentaire : ces musiciens auraient enregistré des morceaux sur les lieux du crime. Je n'ai pas donné suite.

En repensant à tout ça, dans ma solitude, je réalise que, ces jours-ci, l'histoire de Samantha finit par me faire autant d'effet que l'assassinat de Sharon. Elle est en train de modifier mon propre destin. Cet épisode de la vie de mon mari est en train de me détruire à petit feu, ainsi que nos enfants, comme elle a miné l'existence de Roman. Il faut bien que je la regarde en face, cette affaire, puisqu'elle nous interdit de continuer à vivre comme avant. Il faut bien que je lui trouve un sens, et pourtant j'ai du mal.

Je ne peux laisser les médias m'embrumer le cerveau avec leurs à-peu-près. Je me plonge donc dans le dossier. J'aligne les faits, voilà ce qui s'est passé. Il me faut la réalité. Celle de la relation sexuelle entre Roman et Samantha, celle de la procédure judiciaire et de ses rebondissements désolants.

Pour la série photo de *Vogue Homme*, un ami conseille à Polanski la sœur cadette de son flirt du moment. Une ado déjà dotée d'un agent, qui rêve de devenir modèle, actrice, et a tourné une pub télé. Elle se nomme Samantha Gailey. Sa mère, ravie, accueille

Roman à bras ouverts. Elle en espère beaucoup. Deux séances photo ont lieu. Lors de la première séance, plutôt bavarde, la jeune fille raconte à Roman qu'elle a un petit ami, qu'il est karatéka, qu'elle aime à l'occasion boire un verre. Elle ajoute qu'elle a déjà pris du Quaalude, une sorte de Xanax de l'époque en vente libre, utilisé comme drogue récréative, et que l'herbe « c'est pour les vieux ». Son beau-père est corédacteur de la revue *Marijuana Monthly*. Elle pose seins nus pour Roman.

Commencée sur Mulholland Drive, dans la maison de Jacqueline Bisset, la série se poursuit avec une seconde séance le lendemain et se termine à deux pas, dans celle de Jack Nicholson, où la lumière est à cette heure-là meilleure. Samantha demande à boire. Dans le frigo, il n'y a que des bières et du champagne. Roman offre une coupe à Samantha et à Helena, l'amie qui leur a ouvert la porte. Ils trinquent tous les trois et Helena rentre ensuite chez elle.

Une fois les photos en boîte, Samantha veut essayer le jacuzzi. Roman fait un plongeon dans la piscine. Ils prennent du Quaalude, la relation dérape, ils couchent ensemble. Samantha dira qu'il n'y a eu aucune violence. Simplement, elle n'a pas quatorze ans. Elle les fêtera vingt et un jours plus tard. Dans le livre qu'elle publiera trente-six ans après, elle précisera qu'il espérait lui donner du plaisir : « Il ne voulait pas me faire du mal. C'est le sentiment que j'avais. »

De retour chez elle, Samantha téléphone à son petit ami pour lui raconter. Sa sœur surprend la conversation, prévient leur mère, qui appelle la police. Deux jours après, Roman est arrêté. À cette époque, depuis la mort de Sharon sept ans plus tôt, Polanski mène une vie affective désordonnée. Toutes les femmes qu'il a aimées lui ont été arrachées. Sa mère a été tuée par les nazis. Sa première épouse l'a quitté pour un autre. Et Sharon a été cruellement assassinée. Certains, après un meurtre aussi traumatisant, auraient sombré dans l'alcool ou la drogue. Lui se console avec les femmes, qu'il fascine pour de bonnes et de mauvaises raisons, le prestige de son cinéma, le drame de Sharon, et ce qu'il est. Mais il a vraiment peur de s'attacher. Il ne veut plus souffrir et tue son désespoir au gré des rencontres. Les mœurs de l'époque s'y prêtent. « La libération sexuelle » bat son plein. Les jeunes femmes l'attirent. Il n'a pas eu de relation amoureuse, sauf avec Nastassja Kinski, avec qui nous sommes restés très amis. Roman cessera de papillonner quand il tombera amoureux de moi, en 1985.

Nous sommes en mars 1977. La loi californienne réprime les relations avec les filles de moins de dix-huit ans. Un interdit qui varie selon les États – en Géorgie, par exemple, il ne concerne que les moins de douze ans. Dans l'État de Californie, en juillet 1977, la peine maximale fut ramenée de cinquante à deux ans, mais la condamnation habituelle à cette époque dépasse rarement six mois. Le 11 mars, Roman est placé en garde à vue puis libéré le jour même sous caution. Il ne sera soumis à aucune interdiction. Le 20 avril, pour protéger l'anonymat de la jeune fille, Roman accepte de plaider coupable à la demande de l'avocat de Samantha, en accord avec le procureur. Ils ont réussi à préserver son anonymat pendant plusieurs années, jusqu'à ce que son nom finisse par être publié et qu'elle vive l'enfer.

La procédure américaine retenue avec l'accord de la famille de la victime est appelée *plea bargain*. Cette procédure banale consiste à négocier le verdict : 95 % des affaires sont réglées comme ça aux États-Unis. Cela conduit parfois au phénomène connu sous le nom de "surcharge", où l'on jette dans la balance une surcharge de chefs d'accusation avant d'en réduire le nombre pendant la négociation. C'est ce qui s'est passé. À l'issue des discussions entre avocats, Roman a reconnu s'être rendu coupable de « relations illicites avec une mineure », et le procureur a retiré les autres chefs d'accusation. Un rapport de probation conclut entretemps que Polanski ne devrait pas être condamné à une peine de prison ferme, mais à une peine assortie d'une mise à l'épreuve. La même année, dans ce district, plus de quarante personnes avaient été mises en cause pour ce délit. Aucune n'effectuera un seul jour de prison. Mais le juge Rittenband en quête d'affaires très médiatisées (Cary Grant, Marlon Brando, Elvis Presley) s'autodésigne pour s'occuper de l'affaire, justifiant de son expérience dans le tribunal. En août se tient une audience publique à laquelle Roman se présente. La sentence sera rendue après l'audition des experts psychiatres. Roman se soumet aux expertises. Toutes vont dans le sens d'un simple sursis.

Le 16 septembre, très soucieux d'être bien vu des médias, Laurence J. Rittenband déclare infliger à Roman la peine de *diagnostic evaluation*, qui ne permet pas à l'accusé de faire appel, et l'envoie en prison pour un maximum de quatre-vingt-dix jours. Un de ses collègues, le procureur David Wells, lui avait suggéré cette idée. Rittenband précise que ce séjour en centre de détention fera office de peine et qu'il n'y aura pas d'incarcération ultérieure. Une décision illégale, contestée par le procureur Robert Gunson et l'agent de probation. Mais les avocats des deux parties s'inclinent. Le juge accepte de laisser Roman quitter les États-Unis pour trois mois, le temps de finaliser la préproduction et les repérages de *L'Ouragan*, le film qu'il prépare à Tahiti. Il revient de son plein gré en Californie deux jours avant la date prévue. Il est alors enfermé dans la prison de Chino. Avec des meurtriers. Rien à voir avec une geôle pour VIP. Il s'y sent en danger. Son codétenu compatissant tente de le consoler : « Tu verras, la prochaine fois, ce sera moins dur. » Roman n'imaginait pas qu'il pût y avoir une « prochaine fois ».

Contrairement aux attentes du juge, il est relâché au bout de quarante-deux jours, avec un rapport préconisant une condamnation avec sursis. Les quatre experts, deux psychiatres et deux psychologues, concluent que Roman n'est pas un délinquant sexuel et qu'il n'est atteint d'aucun trouble en la matière. Pour expliquer sa transgression, l'un de ces experts écrit : « Le rapport à la victime était sans doute celui de séduction, mais empreint de sollicitude. Initialement de nature professionnelle, les relations avec la victime ont évolué vers un érotisme mutuel. Au cours de cette expérience, Polanski semblait ne pas être conscient de participer à un acte puni par la loi. […] En règle générale, Polanski est un homme conventionnel, perfectionniste, appliqué dans ses relations sociales, mis à part ce cas isolé. » Son délit « doit être considéré comme accidentel ». On croit alors le dossier clos. Mais les avocats des deux parties sont convoqués chez le juge. Une grande surprise les y attend.

Habitué des procédures à sensation mettant en cause des stars, Laurence J. Rittenband est très soucieux de plaire au milieu du show-business qui nourrit sa réputation. Or, rappelons-le, les médias ont peu d'indulgence pour ce cinéaste franco-polonais autrefois injustement soupçonné par la presse d'être impliqué dans l'assassinat de sa femme et d'attirer par son œuvre sulfureuse les fureurs satanistes.

À leur stupeur, les avocats découvrent que Laurence Rittenband a changé d'avis sous la pression du feu médiatique. Aux États-Unis, les juges sont élus. Ils tiennent à polir leur image : « Il va falloir que je lui colle une peine d'une durée indéterminée ! », lance-t-il pendant cette réunion houleuse, ajoutant oralement, en *off*, qu'il fera libérer Roman quand il sera allé au bout des quatre-vingt-dix jours. Condamnation qu'il peut rallonger à sa guise – à l'époque la loi le permet. À la presse, le juge précise qu'à l'issue de sa peine le cinéaste devra s'engager à quitter les États-Unis.

Quatre-vingt-dix jours… Tiendra-t-il parole cette fois, après son premier reniement ? Rien n'est moins sûr. En sortant de l'audience, l'avocat de Roman prend à part le procureur Roger Gunson, et lui demande si on peut faire confiance au juge Rittenband. Le magistrat

ironise : « Vous lui avez déjà fait confiance deux fois ! »
Doug Dalton rapporte cette réplique à Roman et
ajoute qu'avec ce juge on ne peut rien exclure, et
pourquoi pas des décennies en prison.

Roman sort du bureau de son avocat, monte en
voiture, prend la direction de l'aéroport, achète la dernière place libre dans le premier avion pour Londres,
et s'envole. Commentaire du procureur : « Je comprends qu'il soit parti dans ces circonstances. »

Roman n'a jamais cherché à fuir la justice américaine, ni avant son inculpation ni lors de son emprisonnement. Il a assumé. Mais cette fois, face à ce
magistrat qui n'a pas de parole, il fiche le camp.

Il fuit la perspective de retourner en prison pour une
durée « indéterminée ». Il fuit la malhonnêteté d'un
juge obsédé par sa propre image. Bref il fuit l'injustice, convaincu qu'il est dans son bon droit, puisqu'il
a purgé la peine prévue. Pendant l'été 1977, Samantha
Gailey elle-même avait fui le juge Rittenband car il
voulait rendre le procès public sans craindre de la livrer
en pâture aux journalistes.

9

Hélas, l'histoire ne fait que commencer. En ce début d'octobre 2009, alors que Roman se morfond dans sa prison suisse, je me demande si parfois il regrette cette pulsion de vie, cette terreur instinctive qui lui a fait occulter les conséquences de son départ et l'a emmené, trente et un ans plus tard, là où il se trouve. Pour rien au monde je n'aborderais le sujet lorsque nous nous parlons au téléphone, deux fois par semaine, comme le règlement de Winterthur le prévoit. Parce qu'au fond je sais. Il n'a jamais regretté d'avoir déserté le sol américain, jamais pensé avoir offensé la justice américaine. Il était convaincu qu'il était, j'insiste, dans son bon droit, contrairement au juge. Il l'est toujours.

Il se sent juste coupable envers nous, sa famille, et me le répète au téléphone. « Comment les enfants vont-ils ? Comment réagissent-ils ? Est-ce qu'ils vont s'en remettre ? » Il se demande comment je peux supporter d'avoir un prisonnier pour mari. Sans nous, il pourrait subir la situation avec résignation, car son caractère le conduit à une forme de fatalisme. La justice suisse fait ce qu'elle a à faire, pense-t-il. Mais la procédure américaine du *plea bargain*, qui repose sur des négociations orales, constitue un piège si le juge qui l'orchestre ne tient pas ses engagements. Ce n'est pas une procédure écrite. C'est là que réside le problème. Le tout est de trouver comment s'en sortir.

Un an plus tôt, en juillet 2008, était montré sur les écrans new-yorkais un film réalisé par la documentariste Marina Zenovich, sous le titre : *Roman Polanski: Wanted and Desired*. En février de la même année, j'étais allée à Los Angeles, invitée à la cérémonie des Spirit Awards, où était nommé *Le Scaphandre et le Papillon*, film dans lequel je jouais un second rôle. Je devais y remettre un prix. Pour son film, Marina m'avait demandé la permission d'utiliser l'une de mes chansons, une reprise rock de l'envoûtante berceuse de *Rosemary's Baby*. Elle a donc profité de mon voyage en Californie pour m'organiser une projection et obtenir mon autorisation. Il est très bien fait, ce documentaire. Trop, peut-être ; ça m'a glacé le sang. J'en suis sortie oppressée, avec un mauvais pressentiment. Lors d'une soirée, là-bas, un producteur est venu vers moi, très content de lui :

« J'ai racheté le documentaire qui va ramener votre mari aux États-Unis.

— Je ne pense pas ! », lui ai-je répondu.

J'ai un assez bon instinct et je sentais que les informations développées dans ce film mettant en cause la justice américaine pouvaient déplaire. En effet, Marina Zenovich soulevait pas mal de questions inédites, et troublantes. Le procureur Gunson et l'avocat Doug Dalton y racontent comment le juge trahit sa parole à plusieurs reprises, en faisant miroiter une clôture illusoire du dossier. Il joue avec Polanski « comme avec une proie », a écrit *Le Monde* à la sortie du documentaire, en décembre 2008. Le journaliste applaudissait avec raison la façon dont le film révèle « les vices cachés d'un système perverti par la loi du spectacle ».

Le procureur interrogé par Marina Zenovich précise dans le documentaire que Roman a accompli « la totalité de sa peine », bref que le juge a abusé de son pouvoir en décidant de le renvoyer en prison. Et la réalisatrice dénonce l'attitude du procureur de Los Angeles, David Wells, qui a rencontré son ami le juge à plusieurs reprises, lui a mis sous le nez des photos de Roman entouré de jeunes femmes lors d'une récente Fête de la bière à Munich, et l'a incité à le remettre en prison. Toutes ces conversations, illégales aux États-Unis, constituent une atteinte au respect des droits de la défense. Bref, ce documentaire n'était pas conçu pour flatter les tribunaux californiens mais pour rétablir la vérité des faits. Cependant, dès que je l'ai vu, j'ai été intimement convaincue que ça n'aiderait pas Polanski.

Pourtant Chad Hummel et Doug Dalton, ses avocats californiens, ont pensé qu'il y avait dans ce film la preuve que le juge avait menti et transgressé plusieurs règles. En février 1978, déjà, Dalton, appuyé par le procureur et l'avocat de Samantha, qui tous dénonçaient le manque de déontologie de Laurence J. Rittenband, avait obtenu qu'il soit dessaisi de l'affaire juste quinze jours après le départ de Roman. Trente ans après, donc, en accord avec Roman, et munis d'arguments étayés par les révélations du documentaire, ils ont déposé une requête pour obtenir le classement du dossier. Est-ce cette démarche triomphaliste ou le film en soi qui ont déchaîné la colère des magistrats ? Les deux, sans doute.

En février 2009, la cour supérieure de justice de Los Angeles a refusé de clore l'affaire, bien que Miguel Espinoza, le nouveau juge saisi du dossier, ait reconnu des « fautes considérables » (« *substantial misconduct* ») dans l'action judiciaire. Les avocats ont répondu que c'était justement à cause des vices de procédure que Roman était parti. Espinoza lui a donné jusqu'au 7 mai pour se présenter, ce qu'il s'est bien gardé de faire. En revanche, le 30 juillet, la cour d'appel a ordonné au juge d'expliquer pourquoi il ne pouvait tenir cette audience (*evidentiary hearing*) sans requérir la présence physique de Polanski. Est-ce cette mini-victoire qui a précipité l'arrestation de Roman ? Le parquet de Los Angeles l'a très mal pris.

En tout cas, dès le soir de l'arrestation de Roman, le souvenir de Marina Zenovich surgit dans ma tête comme un oiseau de malheur. Cette femme a servi de détonateur. Nous passons nos vacances à Gstaad depuis des décennies. Jamais les Suisses n'ont semblé se préoccuper des ennuis judiciaires de Polanski. Jusqu'à ce que ce film mette le feu aux poudres.

Marina se signale très vite, en ces derniers jours de septembre 2009. Elle me téléphone, puis me submerge de mails pour m'expliquer qu'elle se sent coupable. Franchement, je n'ai aucune envie de la voir. Je lui en veux. J'en veux d'ailleurs à la terre entière. Y compris, sourdement, à Roman. Je me sens impuissante, et lui reproche de ne jamais avoir trouvé de solution à son statut de fugitif. Quand la colère retombe, un sentiment de détresse m'envahit.

Mais je me laisse émouvoir. Le premier mail de Marina, le 30 septembre, me touche malgré tout : « J'ai essayé de vous appeler une fois mais j'ai raccroché, car je ne savais pas si vous souhaitiez m'entendre, m'écrit-elle. Je me sens mal à propos de ce qui est arrivé. Je sais que ça n'a pas beaucoup de sens maintenant mais vous savez, puisque nous nous sommes rencontrées, que j'ai seulement espéré documenter les injustices qu'avait subies Roman. » Elle est en route pour la Suisse lorsqu'elle rédige ce message, implorant un rendez-vous avec moi à Paris. À Zurich, elle va tenter en vain de rencontrer Roman. Elle m'écrit encore. Je ne supporte pas de penser à elle, à ce film, à toutes ces complications. Mais Marina Zenovich sait beaucoup de choses. Elle prétend qu'elle a des informations à me donner. Finalement, j'accepte de la recevoir en ce début d'octobre.

On s'est donné rendez-vous dans un café. Il est bondé. On essaie une brasserie. J'ai peur d'être reconnue. On finit par atterrir à la maison. Elle est venue avec des chocolats et, un instant, je me demande si ce n'est pas une erreur de la laisser venir, alors que je n'accepte aucun entretien avec des journalistes depuis le 26 septembre. Marina Zenovich est une belle femme, charismatique, intelligente, exaltée, avec de grands yeux bleus. Elle me redit tout de suite qu'elle se sent coupable, et que l'injustice de cette arrestation la choque. Elle s'inquiète de mon sort et de celui des enfants puis, bouleversée, se met à pleurer.

Je l'écoute attentivement, aussi calme que possible. Pas question de laisser transparaître l'état d'affolement qui est le mien depuis dix jours. Elle évoque Samantha Geimer, qui a depuis longtemps pardonné à Roman mais qui, soucieuse de protéger sa mère, s'est toujours abstenue de reprocher à cette dernière d'avoir appelé la police. Marina semble éprouver une sorte d'affection pour elle.

Elle me montre un document sur lequel sont listées toutes les villes où Roman aurait pu être arrêté, dont Budapest, voyage auquel il avait renoncé il y a quelques mois. Un ami l'avait prévenu que, selon une rumeur, il courait un risque en se rendant en Hongrie, où il devait recevoir un prix. Roman m'avait lâché ça allusivement, sans s'attarder. C'est sa façon de vouloir nous protéger. Marina affirme qu'il avait aussi décliné, pour les mêmes raisons, une invitation au Japon. Elle m'informe aussi que le mandat d'arrêt international diffusé à Interpol (notice rouge) aurait probablement été activé le 10 novembre 2005, sans doute pour deux raisons. La première : la victoire de Polanski dans le procès contre *Vanity Fair*. La seconde : le procureur général du comté de Los Angeles, le républicain Steve Cooley, pensait que faire arrêter Roman faciliterait son élection. Aucun mandat d'arrêt n'avait été émis à l'encontre de Polanski avant 2005.

Les enfants, qui étaient chez mes parents, débarquent à la maison. Elvis vaque à ses occupations habituelles. Morgane montre à Marina ses trésors relatifs à la chanteuse Miley Cyrus, son idole du moment, tout en déclarant son hostilité au pays de la documentariste : « Jusqu'à la semaine dernière, j'aimais tout ce qui concernait les États-Unis, tout ! Mais maintenant… » Et moi, allez savoir pourquoi, je me retrouve en train de tourner les pages de notre album photo pour montrer à Marina à quel point nous formons une famille aimante. Elle dit gentiment qu'ici, dans cet appartement, l'absence de Roman est « palpable ».

10

Soir et matin, vingt fois par jour, j'appelle Hervé Temime : « Tu as des news ? » Le 6 octobre 2009, j'ai « des news ». La justice suisse rejette notre demande de remise en liberté provisoire. Nous avons deux jours pour faire appel. Le 2 octobre, les avocats de Los Angeles, Dalton et Hummel, rejoints par un confrère de Washington, ont rencontré des officiels du ministère de la Justice américain pour leur demander de ne pas envoyer la demande formelle d'extradition dont les Suisses ont besoin et qu'ils vont réclamer le 9 octobre. Sans succès.

La vie rétrécit. Rien ne compte désormais hors le sort de Roman. Par moments, j'ai envie de le convaincre de retourner aux États-Unis, qu'il accepte un accord avec le procureur, qu'il affronte le juge californien, quoi qu'il en coûte, qu'on en finisse. Mais pour cela, il faudrait qu'il leur fasse confiance. Roman est marqué par la trahison du juge en 1978. Il y a depuis quelque chose d'instinctif, de presque animal dans sa défiance.

Et comment pourrait-il se fier aux magistrats californiens alors que le 30 septembre 2009 le fameux procureur David Wells vient encore d'affirmer avoir menti face aux caméras de Marina Zenovich ? Dans le documentaire sorti un an avant, ce procureur, qui n'était pas en charge du dossier Polanski, avait expliqué qu'il avait discuté à plusieurs reprises de l'affaire avec le juge Rittenband et fait pression pour qu'il le mette en prison. Or un procureur n'a pas le droit, aux États-Unis, de discuter d'une sentence avec un juge, même s'il ne s'agit pas de son dossier. Comme je l'ai écrit plus haut, les avocats de Roman avaient dénoncé ces irrégularités, qui constituent des vices de procédure. Et voilà que, devant la presse américaine, il prétend avoir menti dans le documentaire ! Mais pourquoi ? Je pense que c'est maintenant qu'il ment. À un journaliste, il explique qu'il pensait que le film ne sortirait qu'en Europe. On croit rêver.

Évidemment, Marina Zenovich est furieuse et stupéfaite. Elle nous certifie que Wells lui avait donné une interview d'une heure en février 2005, avec un accord signé pour qu'elle soit diffusée. Il n'est jamais revenu sur ses propos en quatre ans. Il les a même confirmés dans un article publié par le *New York Times* en juillet 2008, à la sortie du documentaire. Comment Roman pourrait-il se fier à ces gens qui changent de version tout le temps ? On m'explique que l'énervement ambiant est lié au fait qu'il s'agit d'une année préélectorale. Le procureur Steve Cooley fait campagne pour son élection en 2010 au poste de ministre de la Justice californien. Il pense améliorer son image en affichant sa fermeté sur le cas Polanski. Il aurait même annoncé lors d'une réunion qu'il ramènerait Polanski « mort ou vif ».

Dans sa prison, comme depuis sa décision en 1978 de prendre l'avion pour Londres, Roman, lui, ne se considère pas comme un fugitif. Il hait l'idée qu'on puisse le traiter de fuyard ou de lâche. Il est parti parce qu'il n'acceptait pas l'iniquité et qu'il avait purgé sa peine. Et ça, je le comprends parfaitement. On n'imagine pas à quel point il est rigoureux, pointilleux. Par moments je me dis qu'il manque de souplesse.

Ses avocats aussi se sont obstinés à dénoncer l'injustice qu'il avait subie. Roman et eux voulaient faire entendre qu'ils étaient dans leur droit et donc contraindre le système américain à une autocritique publique. Est-ce que c'était la bonne tactique ? Je n'en sais rien à vrai dire. Je découvre un peu toutes ces finesses judiciaires, en essayant d'y voir clair.

En 1993, année de naissance de notre premier enfant, Roman avait demandé le classement du dossier et, lors du procès civil, s'était engagé à verser à Samantha Geimer une importante somme d'argent. Dans ces années-là, on ne connaît encore Samantha Geimer que sous son nom de jeune fille, Gailey. Jamais ils n'ont l'un pour l'autre des mots venimeux. Au contraire. Roman lui a présenté ses excuses. Elle lui a publiquement pardonné. « Je n'ai aucune animosité envers Polanski, déclare-t-elle en 1997. J'ai même de la sympathie pour lui, dont la mère est morte en camp de concentration, l'épouse a été assassinée par les disciples de Charles Manson, et qui vit comme un fugitif depuis vingt ans. » Elle concluait alors : « Il m'a fait quelque chose d'interdit, mais ce sont les médias qui ont ruiné ma vie. »

À cette époque, alors que nos enfants sont nés en 1993 et 1998, Roman voudrait clore ce dossier afin de leur éviter d'avoir à souffrir un jour à cause de son passé. Il est prêt à retourner aux États-Unis. Le 23 août 1994, le juge Larry P. Fidler refuse de mettre un terme à l'affaire *in absentia*, exigeant que Polanski se présente devant la cour. Ses avocats finissent en 1997 par négocier avec lui un accord. L'audience est censée durer peu de temps, Roman plaidera coupable. Il n'aura pas à donner d'explications sur les faits, ce sera une pure formalité. Il est vraiment prêt à se rendre à Los Angeles. Il a même cherché de quel pays partir pour lui éviter d'affronter les paparazzis à l'arrivée.

Doug Dalton apprend que le juge a décidé que l'audience sera télévisée et prévient Roman. Les médias américains et leur goût du sensationnalisme terrifient Polanski, il renonce. Une occasion manquée. Franchement, Roman, toi qui en as vu d'autres, tu aurais pu affronter ces gens-là, non ?

11

À Wintherthur, Roman est toujours très inquiet pour nous. Quand il me téléphone, il ne se plaint jamais. Plutôt introverti, il n'est pas du genre à s'apitoyer sur lui-même. Il ne cesse de me demander comment je me débrouille avec l'intendance, l'argent, la maison, les choses pratiques. Dans la famille, c'est lui, l'homme du concret. Une vraie fée du logis. Il fait la cuisine, très bien. La vaisselle ne l'ennuie pas. Il s'occupe beaucoup de la maison. On fait les courses ensemble.

Pas du tout macho, il s'est toujours énormément occupé des enfants, un as des biberons. Parfois, ça énervait ma mère, il ne pouvait s'empêcher de lui expliquer comment les doser, les donner, tenir le bébé. C'est aussi lui, j'avoue, qui emmène les enfants à l'école. Contrairement à moi, Roman se lève tôt.

Au téléphone, il me demande ce qui nous arrive, si j'ai besoin de quelque chose. Pour notre anniversaire de mariage, le 30 août, avant son arrestation, il m'avait commandé un collier que j'adore. Une petite guitare argentée sur une chaîne très fine. Je viens de le recevoir alors qu'il est en prison, ça me bouleverse.

Il me réclame encore des DVD du montage, un peu de musique, quelques vêtements, et je sens que fixer son attention sur ces objets l'empêche de s'enliser dans des états d'âme dont il est bien trop pudique pour parler. C'est le travail sur son film qui lui évite vraiment de sombrer. Sa bulle de liberté, son obsession. Tant qu'il n'a pas Internet, ce n'est pas simple. Il visionne les DVD sur un petit ordinateur, confie ensuite ses notes à Lorenz Erni, qui les soumet à la police avant de les transmettre au monteur Hervé de Luze. Le montage de *The Ghost Writer* est bien avancé, mais quand même il y a encore du travail ! Le film raconte l'histoire d'un Premier ministre britannique, accusé de complicité de crimes de guerre, reclus sur une île en compagnie de l'écrivain censé rédiger pour lui son autobiographie.

Il reçoit la musique composée par Alexandre Desplat, qui travaille pour la première fois avec lui et continuera sur tous ses films suivants. Roman en est enchanté. Il lui faudra encore retoucher le montage. À Winterthur, je le vois bien, c'est sa façon de survivre, le moyen que ce grand perfectionniste a trouvé pour s'échapper mentalement. Il est ailleurs, dans sa fiction.

Mais il maigrit, dépérit. Le 16 octobre, Roman est hospitalisé pour une batterie d'examens après un coup de fatigue intense. Je panique. Est-ce qu'on me cache quelque chose ? Il a soixante-seize ans, tout le monde a l'air de l'oublier. Qu'on le sorte de prison ! Moi qui suis rarement malade, j'ai une douleur au plexus, du mal à respirer, un genre de pneumonie. Le médecin me prescrit des antibiotiques. J'ai très envie de revoir Roman, mais l'idée même de subir l'accueil des policiers, les flashs des paparazzis, le passage dans le sas de la prison, tout ça me donne la nausée. Je ne suis pas très fière de moi. Je commence à entrevoir à quel point la publicité faite à cette arrestation risque d'impacter nos vies. Je ressasse le lâchage d'Uniqlo, qui a annulé le projet que nous avions ensemble. La justice ne m'accuse de rien, moi. L'opinion m'accuse d'être la femme de Polanski. Est-ce que ce n'est pas sexiste ?

Je me demande si, tous les deux, nous allons pouvoir continuer à travailler normalement. Le pessimisme m'envahit. Ils vont tuer Roman à petit feu. Je ne peux pas supporter cette idée.

À la maison, je laisse la télé en permanence allumée. Je suis folle avec ça. C'est elle qui m'informe, parfois avant les avocats. Pour mes gosses, c'est toxique, alors je coupe le son. Je surveille les bandeaux de manière obsessionnelle.

Le lendemain de l'hospitalisation de Roman, *Le Monde* publie un entretien avec Marina Zenovich. Je ne peux plus rien lire objectivement, depuis l'arrestation. Je suis à cran, sur le qui-vive. Pourtant, ses propos me paraissent précis et justes. « Parce qu'il était connu et que l'affaire défrayait la chronique, Polanski n'a pas eu un procès équitable », affirme la documentariste, avant d'ajouter : « Il y a eu à l'époque des vices de procédure importants. Le juge Laurence J. Rittenband, chargé de l'affaire en 1977, a manipulé les avocats des deux parties. Il a voulu orchestrer le résultat. Pour cela, il a passé un accord avec les avocats et leur a dit quoi plaider. Finalement, cet accord n'a pas été respecté à cause d'une photo de Polanski entouré de jeunes femmes à la Fête de la bière de Munich. » Les photos ? Revenons-y. Pendant la procédure, Horst Wendlandt, grand distributeur allemand, l'avait emmené à l'Oktoberfest un soir après le travail, et il s'est retrouvé assis entre deux femmes et d'autres gens. Mais le paparazzi n'a évidemment cadré que sur Roman et les amies de son hôte.

Marina indique encore que le juge Rittenband parlait énormément aux médias : « Apparemment, le pouvoir et la publicité qu'il a eus lors de ce procès lui sont montés à la tête. » Elle raconte qu'elle est résolue à suivre l'affaire jusqu'à son épilogue. « Je suis déterminée à donner un point final à cette histoire quel que soit le nombre d'années que ça prendra. » Prévenue par Hervé Temime, je sais qu'elle tourne un nouveau documentaire. Ce sera sans moi. Je refuse toutes les interviews.

Le 21 octobre, je vais voir Roman en prison avec ses associés, les producteurs Alain Sarde et Robert Benmussa. À chaque visite, mon point au plexus s'enflamme. J'ai la sensation d'étouffer. Pour m'éviter les paparazzis qui, comme d'habitude, sont mystérieusement prévenus de mon arrivée, les policiers viennent encore nous chercher dans l'avion, ça m'embarrasse toujours autant, je fuis les regards. Très prévenants, ils nous emmènent vite dans leur voiture puis, au bout de quelques centaines de mètres, nous font changer de véhicule. Lorenz Erni nous récupère. On roule encore vingt minutes et on arrive à Winterthur. C'est ma première visite dans l'enceinte de la prison.

Cette fois, j'entre vraiment dans l'immeuble propre, très propre, qu'est cette prison suisse, bien plus propre que les centres pénitentiaires français, selon ma tante médecin, Véronique Vasseur, qui leur a consacré un livre. Avant d'être admis à l'intérieur, il faut tout donner, le téléphone, les objets personnels, on ne doit rien garder sur soi. On nous emmène dans une petite pièce de deux mètres sur trois et on nous y enferme. Les gardiens sont très courtois, on nous explique qu'on a une heure pour discuter. Quand Roman arrive dans ce parloir sinistre, je résiste à l'envie de me jeter dans ses bras en pleurant.

Heureusement, Alain Sarde et Robert Benmussa sont là, leur présence m'oblige à me tenir. J'avais peur de me retrouver seule avec Roman. Peur de pleurer. Trop de pudeur, peut-être. Mais je sais que mes larmes risquent de le fragiliser. Je ne veux pas entamer le courage qui lui reste. Bref, je joue la fille qui assume et qui gère. Ça me change, j'étais tellement habituée à me laisser protéger par lui.

12

On flotte, en ce mois d'octobre. Impossible de savoir si l'épée de Damoclès suspendue au-dessus de la tête de Roman va ou non s'abattre sur lui, ni quand. Alors que le monde de la culture continue de pétitionner et de manifester son indignation, le président Sarkozy me fait savoir qu'il prend à cœur la situation de mon mari. Avec un triple objectif, me dit-on, extraire trois personnes des pays où elles sont injustement emprisonnées, Florence Cassez au Mexique, Clotilde Reiss en Iran, et Roman Polanski en Suisse. Cela ne me rassure qu'à moitié. Florence Cassez est retenue depuis quatre ans déjà !

Je vois bien que Roman vit mal son emprisonnement. Mais il sait très bien qu'il a transgressé les règles sociales et morales en couchant avec une fille qui allait avoir quatorze ans. L'idée d'avoir pu lui faire du mal ne lui procure qu'un sentiment vif de culpabilité. Je me surprends à blâmer sa mère qui l'a inscrite dans une agence de mannequins, l'a laissée partir seule pour une séance photo avec un réalisateur réputé séducteur puis qui a appelé la police. En même temps, j'ai moi-même été mannequin à quatorze ans et je n'aurais pas supporté d'être chaperonnée. Au même âge, Morgane s'est vu proposer une séance photo et la couverture du magazine *Teen Vogue*. Je l'ai dissuadée d'accepter : les temps ont changé. Quatre ans plus tôt, ma fille avait aperçu dans la rue, sur une affiche pour Yves Saint Laurent, une photo de moi, sous un homme, ça ne lui avait pas plu. J'avais expliqué : « Tu sais, c'est mon métier. » Elle m'avait répondu : « Si ton métier c'est d'être une pute, alors d'accord ! »

Revenons à Samantha. Maintenant, en 2009, trente-deux ans après, les paparazzis la traquent de nouveau jusqu'à Hawaii, où elle vit désormais. Elle a eu droit, comme Roman, aux hélicoptères tourbillonnant comme des frelons au-dessus de sa maison. Pour elle aussi, c'est un cauchemar. J'imagine que c'est insupportable d'être réduite à vie à un statut de victime, étant donné la notoriété de l'agresseur.

Un mois exactement après l'arrestation de Roman, elle réclame devant la justice californienne l'abandon des poursuites. Elle se plaint de problèmes de santé suscités par le harcèlement médiatique dont elle pâtit depuis le 26 septembre. La requête relève qu'elle et ses avocats ont reçu près de cinq cents appels téléphoniques de médias à travers le monde pour obtenir un commentaire. Et les avocats de Samantha insistent dans le document : « Quel qu'ait pu être son crime, M. Polanski méritait d'être traité équitablement, il ne l'a pas été. » Ce n'est pas si fréquent de voir une victime parler ainsi !

Je sais que Samantha Geimer n'en peut plus de cette histoire. Il y a six ans, en 2003, Roman a remporté pour son film *Le Pianiste* trois Oscars, dont celui du meilleur réalisateur – reçu à sa place par Harrison Ford devant une salle debout, applaudissant à tout rompre. Un mois avant la cérémonie, il avait reçu le soutien inattendu – et non sollicité ! – de Samantha, qui avait publié une tribune dans le *Los Angeles Times*.

Rien n'oblige Samantha Geimer à soutenir Polanski. Et pourtant, à plusieurs reprises elle a demandé à la justice californienne de classer le dossier, arguant que l'incroyable entêtement du tribunal lui est aussi pénible qu'à Roman. Agirait-elle ainsi avec lui s'il avait fait preuve trente ans plus tôt d'une violence insoutenable ?

Oui, je ressasse, je ressasse. Je me prépare à rendre visite à Roman le 29 octobre, seule cette fois. Je me répète que je ne dois pas craquer devant lui, c'est ma hantise. Rien de ce que je pourrai dire ou faire ne lui sera d'aucun secours, je me sens totalement impuissante. Comment faire semblant d'être optimiste quand pas un mot de ce que laisse filtrer la justice suisse n'offre une lueur d'espérance ?

Je ne sais pas dans quel état je vais le retrouver. La dernière fois qu'on l'a vu, le 21 octobre, quand je suis venue avec Robert Benmussa et Alain Sarde, il était mal, si mal qu'il m'a demandé de faire passer une boîte de Temesta à Temime, qui devait revenir le voir le lendemain. Ce que j'ai fait. Mais Hervé a trouvé mon mari si démoralisé qu'il ne lui a donné qu'une demi-plaquette, de quoi ne pas se foutre en l'air. Roman l'a fixé du regard : « Tu as vu ma vie ? S'il n'y avait pas Emmanuelle et les enfants... »

Je prépare de nouveau une valise. À chaque visite je dois procéder à l'échange de DVD, je lui donne celui que son monteur m'a confié, et il me passe celui que je dois remettre au monteur. Roman m'a aussi demandé de lui apporter du chocolat et des pulls. Il a toujours froid, là-bas. Et besoin de se réconforter. Quand je le retrouve, je le dévore du regard. Je ne veux rien perdre, rien oublier de ce qu'il est à cet instant. Il peut être extradé d'un jour à l'autre, j'en ai la conviction, et ça me terrorise. Lui me paraît brisé. Nous sommes là tous les deux, dans ce parloir sinistre, incapables de nous faire du bien autrement qu'avec les yeux. Je ne sais pas quoi te dire, Roman, pour te sortir de ce cauchemar. J'ai même prétexté un besoin de me rafraîchir pour gagner du temps. La visite se termine.

Je le regarde s'éloigner, entouré de ses deux gardes, si fragile, si petit entre ces deux costauds. Quand il disparaît au détour du couloir, je pleure.

Je sais qu'il vit dans une cellule minuscule, avec un lit, une table, et son ordinateur sans Internet, comme c'est la règle pour tous les détenus. Il regarde des films, fait de la gym, compte les jours. Les Américains et les Suisses l'ont coupé du monde. Peter Zimmermann, le directeur du centre pénitentiaire, lui, l'a complètement isolé pour le protéger. Winterthur est une grosse prison, la célébrité peut attirer des ennuis. On le conduit sur le toit pour la promenade. Zimmermann l'accompagne parfois. J'ai l'impression que cet homme s'est pris d'affection pour Roman. Il joue aux échecs avec lui. Peut-être les Suisses sont-ils un peu gênés de cette arrestation imméritée.

Peter Zimmermann est venu avec moi dans les couloirs de la prison. Sous prétexte de voir où mon mari se promène, je le supplie de me faire visiter le toit. J'ai une idée derrière la tête : faire évader Roman si la justice suisse décide de le livrer aux Américains. Je ne peux pas lui demander son avis, je suis parano, j'ai peur que nous soyons écoutés. Mais j'ai imaginé plusieurs solutions. La plus simple, à l'évidence, ce serait l'hélicoptère. Il suffit de trouver de l'argent, un pilote, de profiter du créneau horaire de la promenade, et hop ! Roman s'envolerait vers le ciel bleu et la liberté. J'adore me raconter ce scénario romanesque, bien qu'au fond je le sache délirant. Le directeur de la prison ne cède pas à ce qu'il doit interpréter comme un caprice. Bref, c'est non. Pas question d'aller explorer le toit de son établissement.

13

Les enfants sont de plus en plus perturbés par la situation, leur père en prison, l'incertitude sur l'avenir. Rien de tout ça n'est supportable. À mon retour de Winterthur, le 30 octobre, je les emmène à Londres pour quelques jours. J'apprends ce jour-là que le ministère de la Justice suisse refuse la demande de mise en liberté sous caution que ses avocats avaient présentée après s'être vu jeter à la figure leur demande initiale. Motif invoqué ? Des « risques élevés de fuite ».

Pour nous distraire, il nous faut toute la gentillesse et la générosité de notre hôte, un ami chanteur anglais. Les enfants sont heureux, presque insouciants. Pour les amuser, il lance un feu d'artifice sur son toit. Trois jours de parenthèse, le seul moment un peu gai de cette période.

Le 5 novembre, la réalisatrice Nicole Garcia et l'auteure Yasmina Reza organisent une projection du film de Marina Zenovich au Cinéma du Panthéon. Le tout-Paris s'y presse. C'est sûrement utile : plus le documentaire est vu, plus les gens comprennent que Roman s'est fait piéger par la justice américaine. Mais je n'y vais pas. Je préfère ne voir personne, juste mes proches, et je fuis les mondanités. Je ne veux pas de regards curieux sur ma détresse. Une amie m'envoie un message revigorant, disant qu'elle a adoré le film, que la réaction du public dans la salle était très positive et qu'il devrait être diffusé sur une grande chaîne de télé.

Les avocats deviennent fébriles à cause du refus de cette demande de mise en liberté. Pourtant, ils avaient proposé que Roman soit libéré sous caution et assigné à résidence en Suisse, dans notre chalet. Hervé Temime me fait venir pour un rendez-vous en audioconférence avec les avocats américains de Roman, qui me dépriment avec leur pessimisme. Si les Suisses choisissent l'extradition, prétendent-ils, c'est une « catastrophe ». Douglas Dalton glisse que l'homme de ma vie risque cinquante ans de prison. Il en a soixante-seize, c'est de la folie ! Cinquante ans de prison alors qu'un accord avec Samantha et le procureur a été trouvé, que Roman a purgé la peine requise et que la victime clame son souhait d'abandon des poursuites.

Le parquet peut bien sûr poursuivre contre l'avis de la victime, au nom du bien commun, mais cette histoire est folle ! Heureusement, Hervé me rassure en me disant que Doug Dalton se trompe sûrement car la peine maximale a été ramenée à deux ans en juillet 1977.

La nuit tombe. À mon arrivée en taxi devant chez moi, j'appréhende l'éternelle petite meute de journalistes qui fait le guet sur le trottoir, comme si j'avais quelque chose à déclarer, moi qui me tais depuis le 26 septembre, moi qui ne suis pas au cœur de cette affaire, moi qui ne dispose d'aucune information propre à me rassurer.

Je ne veux pas leur parler, ni même les affronter. Mais ce jour-là, quand j'arrive, il n'y a qu'une journaliste qui m'attend, caméra à l'épaule, devant la porte de l'immeuble. Elle me filme et me bloque le passage. Il faut foncer. J'ai mon casque à la main, un ami m'ayant déposée à moto chez Hervé. J'ouvre la portière du taxi et je cours. La reporter commence à me poser une question. Je me jette sur elle comme un fauve, et je la frappe avec mon casque. Le casque mythique de Jackie Stewart, offert voici quarante ans par le champion de formule 1 à Roman. Je suis comme folle, on peut dire que je la tabasse. Elle se met à hurler et me flanque un coup de caméra dans la figure. J'ai l'arcade sourcilière qui s'ouvre. Je pleure, le visage en sang. La fille s'en va.

J'appelle Temime, qui m'emmène au commissariat du 8ᵉ arrondissement. J'avoue aux flics que je suis devenue cinglée, j'ai cogné cette femme, elle m'a donné un coup de caméra pour se défendre. J'insiste : « C'est complètement de ma faute ! C'est moi qui l'ai violemment agressée. » Le policier réplique : « Non, c'est elle qui vous a agressée en se mettant devant chez vous. » Ça me touche qu'il dise ça. C'est vrai, elle était devant ma porte, j'étais obligée de la bousculer pour passer.

La journaliste balance la vidéo sur Internet, ça fait le buzz. Une amie me dit : « Si j'étais un mec, je t'épouserais tout de suite. » Moi, bien sûr, je me sens coupable, j'ai disjoncté, je suis en tort, évidemment.

Mais je deviens parano. Quand je sors le soir, je glisse dans mon sac un couteau argentin dont l'étui et le manche sont joliment sculptés, habituellement posé en décoration sur une commode de notre chambre. Un objet souvenir appartenant à Roman. Une lame de quatorze centimètres, quand même. Par moments j'ai tellement peur d'un détraqué. J'ai reçu à mon domicile des lettres terrifiantes, je ne veux même pas en préciser les détails, trop ignobles. L'histoire de Sharon m'a toujours hantée mais là, mes obsessions ont décuplé. Je me répète qu'on n'est pas en Amérique. On est en France, mais je ne suis pas tranquille. Quand je le dis à Roman, il m'engueule : « Tu es malade, c'est hyper dangereux ! » Oui, c'est dangereux. Oui, je suis malade.

Les producteurs de *The Ghost Writer* commencent à s'affoler. Le film doit être livré aux distributeurs et présenté au festival de Berlin en février. Il va falloir que Roman termine son montage. Si on l'écoute, il y a encore pas mal de boulot. J'ai l'impression qu'il n'a pas du tout envie de se séparer de son film, ça lui permet de penser à autre chose. Finalement, le directeur de la prison autorise le monteur de Roman à venir travailler avec lui dans l'enceinte du centre pénitentiaire. Il est prêt à les caser tous les deux dans une salle où les prisonniers épluchent des oignons.

Hervé de Luze prépare le matériel, fait le voyage jusqu'à Zurich et s'installe dans un petit hôtel, à côté de la prison. J'ose à peine imaginer ses soirées solitaires dans une chambre triste, à quelques mètres d'un homme que, je crois, il aime énormément, et qu'il doit abandonner tous les soirs à son sort de détenu. Il voit bien à quel point le film est désormais son échappatoire, en attendant la suite judiciaire.

Tous deux travaillent comme des fous. « On est comme dans une salle de montage, me dit Hervé. On rigole, on a retrouvé nos marques. » Je suis soulagée. Le soir, quand ils se quittent, Roman interpelle le gardien : « Vous n'avez pas une chambre pour mon ami ? Ça fait loin d'aller à l'hôtel ! »

Ils bossent quelques jours, puis il faut bien en finir, même s'ils trouvent toujours un détail à améliorer. C'est le moment du départ. Hervé m'a raconté la scène avec émotion.

Roman se retrouve de nouveau seul à tenter de retenir le temps précieux qui file trop vite. Quand on vieillit, j'imagine, les jours comptent double et passent de plus en plus rapidement. Il sait qu'il n'a qu'un temps limité devant lui pour côtoyer nos enfants, les aider à grandir, puis un jour les regarder s'en aller. Il veut être là, à chaque instant. Être là pour eux et qu'ils le sachent. Quand on est derrière des barreaux, on n'est là pour personne. C'est sûrement la certitude qu'il a, même si elle est fausse. En fait, il est ici, omniprésent dans nos têtes. Jamais, sauf au début de notre histoire, je n'ai autant pensé à lui.

Il se replonge dans le montage. Il s'accroche à son film comme si sa vie en dépendait. Et c'est sans doute exact. Il faut imaginer ce que c'est, se retrouver dans une petite cellule en prison à soixante-seize ans quand on a la certitude que c'est injuste ! Mais le réel s'acharne. Le producteur Robert Benmussa m'appelle : « Il faut que tu lui dises d'arrêter le montage, il faut qu'on livre le film, il faut que tu signes les papiers. » Tout de suite après l'arrestation de Roman, lui et Alain Sarde m'ont nommée gérante temporaire pour que je puisse endosser ses pouvoirs et détenir la signature. À force d'attendre, nous risquons la banqueroute, m'explique-t-il. Acculée par ses arguments, je me résigne à signer sans l'accord de Roman le document attestant que *The Ghost Writer* est terminé.

Quand, le 15 novembre, je retourne le voir avec Elvis et Morgane, les paparazzis nous harcèlent toujours, devant la maison, aux portes de l'aéroport, c'est l'enfer. Ça me frappe, ils sont plus nombreux quand je suis avec les enfants. Mais qui les renseigne ? En Suisse, c'est plus calme. Nous sommes de nouveau reçus au bureau de police en face de la prison. Un moment extrêmement douloureux malgré les bonbons, les gâteaux, les boissons prévus pour Morgane et Elvis. Dans cet endroit, on peut rester deux heures, et on ne me prive pas de mon téléphone. Roman peut en profiter pour appeler ses amis et contacts. Il est atterré : « Pourquoi ne veulent-ils pas m'assigner à résidence ? » répète-t-il. Je suis bouleversée de le voir soudain si faible. C'est comme s'il était redevenu un enfant. Je lui annonce que j'ai été obligée de signer les papiers. « Tu as signé ? » s'exclame-t-il d'une voix incrédule. Il est furieux contre moi. Je l'ai trahi, pour notre bien à tous.

14

Les Suisses ne veulent pas paraître trop laxistes, c'est une évidence. Ils ont peur de l'opinion publique. Par moments, je crains que les soutiens massifs dont bénéficie Roman dans le milieu du cinéma puissent se retourner contre lui. Plus on défend Polanski publiquement, plus on risque de laisser croire qu'il exigerait une immunité en vertu de son talent, de sa célébrité. C'est le contraire de ce qu'il pense, de ce que nous pensons. Il a plaidé coupable dès le début. Il s'est présenté de son plein gré devant le juge, à deux reprises. Il est d'ailleurs rentré de Tahiti pour purger sa peine au California Institute for Men de Chino. Il rappelle juste qu'il a exécuté sa peine, voici trente-deux ans.

Il n'exprime même pas d'acrimonie contre la justice suisse qui, selon lui, fait son boulot. Pourtant, je suis un peu travaillée par la thèse que développe Marina Zenovich depuis qu'elle s'est replongée dans l'histoire de Roman et veut lui consacrer un nouveau documentaire. Au téléphone, elle évoque un lien entre l'arrestation de Roman et le bras de fer qui oppose la banque UBS aux autorités américaines. De plus en plus pressant, le fisc outre-Atlantique exige que,

menacée de poursuites, la banque suisse lève l'anonymat sur ses quatre mille cinq cents clients américains
soupçonnés d'évasion fiscale. Il se trouve que l'État
helvétique traverse une mauvaise passe économique.
La récession menace. Est-ce que la Suisse se sert de
Polanski pour négocier ? En fait, on avait vu cette
thèse apparaître dans les journaux suisses dès la fin
septembre. « Difficile de ne pas faire le rapprochement
entre l'affaire UBS et l'arrestation surprise de Roman
Polanski », a écrit le quotidien romand *Le Matin* deux
jours après l'arrestation de Roman. Le *JDD* relaiera
aussi cette thèse. Les Américains estiment maintenant
que le gouvernement suisse est extrêmement coopé-
ratif. La ministre de la Justice helvétique a prétendu
que le pays n'avait « pas d'autre solution » que d'obtempérer à la demande des Américains.

Personnellement, je trouve cette thèse un peu tirée
par les cheveux. Mais le 22 octobre l'agence américaine Associated Press a révélé qu'elle s'était procuré
une édifiante correspondance entre la Suisse et les
États-Unis. On y découvre que ce sont les autorités suisses qui ont informé Washington de l'arrivée
imminente du cinéaste franco-polonais sur le territoire
helvétique, et non pas les Suisses qui auraient répondu
à une demande pressante des Américains. Le 21 septembre, l'Office fédéral de la justice (OFJ), équivalent
suisse de notre ministère, a envoyé un fax avec la
mention « urgent » au Bureau des affaires internatio-
nales du secrétariat d'État à la Justice de Washington,
pour vérifier si le mandat d'arrêt émis en 2005 contre
Roman était toujours valable. Donc, Berne a bien fait

du zèle. Deux jours après, l'OFJ a reçu en guise de réponse des autorités américaines une demande d'arrestation explicite pour une extradition.

Pourquoi prévenir les Américains à ce moment précis, alors que Roman va régulièrement en vacances à Gstaad depuis Noël 1969, que nous y possédons un chalet depuis 2006, que nous l'avons acquis sans que les autorités suisses — obligatoirement consultées — trouvent rien à y redire, et que Roman y passe plusieurs mois chaque année ? D'où vient ce brusque désir de combler les États-Unis ? Le porte-parole de l'OFJ a laborieusement expliqué : « Si nous savons qu'un individu recherché va venir, nous demandons toujours si le mandat d'arrêt est valide. » Toujours, vraiment ? Alors, pourquoi pas l'année précédente ou dix ans plus tôt ? Marina évoque donc les tractations avec l'UBS. Je me demande s'il ne faut pas la croire. Plus que jamais, j'ai l'impression d'être embarquée dans un polar dans lequel je n'ai prise sur rien.

Je ne sais plus très bien qui je suis. La femme de Polanski, ça, c'est sûr. On me le fait payer. Tous mes projets professionnels sont suspendus, certains de mes contrats ont été rompus. Comme si mon nom risquait d'entacher l'image de ceux qui persisteraient à me faire travailler. Comme si moi, j'avais commis un crime épouvantable. Comme s'il n'était pas normal que je soutienne le père de mes enfants de toutes mes forces. Et que dirait-on si je le laissais tomber ? Je l'aime bien trop pour même y songer. Oui, je suis la femme de Polanski, totalement. Alors que je me suis battue pour exister par moi-même, hors de son aura, comme comédienne et comme chanteuse, et que j'étais en train d'y parvenir, on me ramène ostensiblement à mon statut de femme mariée. Ce sexisme-là me blesse.

Il y a quelque chose de vertigineux dans cette sensation qu'un événement survenu quand j'avais onze ans risque de décider de mon avenir. Quand je pense que je n'avais jamais voulu m'attarder sur cette histoire… Je l'évitais, sans mesurer son importance, son pouvoir de nuisance potentiel. Ce séjour en prison brise notre équilibre. Je n'ose imaginer notre futur, si Roman est extradé. J'ai peur pour lui, pour moi, pour mes enfants. Mais je n'ai pas le droit, pas le temps d'avoir des états d'âme. Il faut se battre. Surtout, garder la tête haute.

15

25 novembre 2009. Voilà une autre date que je n'oublierai pas. Très heureux, Me Lorenz Erni vient de m'annoncer ce matin, à la première heure, que le tribunal pénal fédéral helvétique ordonnait la libération sous caution de Roman, et qu'il l'assigne à résidence dans notre chalet, avec port d'un bracelet électronique. Une décision qui prendra effet le 4 décembre, si tout va bien.

Je suis soulagée. Pas vraiment rassurée car l'extradition menace toujours Roman, mais je respire quand même. Les enfants vont pouvoir le serrer dans leurs bras. Nous allons habiter sous le même toit, vivre au même rythme, partager nos repas, parler de tout et de rien, et plus seulement de choses graves. Quel bonheur !

Cette fois, les Suisses n'ont plus peur de voir Roman Polanski leur échapper. Les avocats avaient fait appel du refus du ministère de la Justice (OFJ) auprès du tribunal pénal fédéral helvétique, qui leur a donné raison. « Le tribunal pénal fédéral a pris sa décision en connaissance de cause [...] et en est venu à la conclusion qu'il n'y a pas de risque de fuite si M. Polanski attend la décision sur son extradition à Gstaad et non en prison », déclare à la télévision la ministre, Eveline Widmer-Schlumpf, qui ne s'y oppose pas. Elle précise que la procédure d'extradition suit son cours.

Au départ, Roman avait proposé notre chalet en caution. Mais ça ne convenait pas. Le tribunal exige une caution de 4,5 millions de francs suisses, c'est-à-dire environ 3 millions d'euros. Une jolie somme. Or, nous n'avons pas de liquidités, juste des toits. Et je n'ai qu'une grosse semaine pour la réunir, dix jours exactement. Aussitôt, des gens formidables me téléphonent pour m'offrir leur aide financière sous forme de prêt. Je ne vais pas citer leurs noms ici, je pense que ça les gênerait. Ils ne connaissent pas tous Roman, mais ils jugent sa situation absurde et cruelle. Parmi eux, un grand patron du CAC 40, une star de cinéma, un producteur célèbre, un intellectuel média-tique. Mais je ne peux pas accepter, je ne veux pas. Il faut que je me débrouille seule. Enfin, pas tout à fait seule. Robert Benmussa me guide dans ce dédale financier.

La solution nous paraît évidente. On va hypothé-quer notre appartement parisien, situé dans un beau quartier. J'ai l'impression de m'hypothéquer moi-même, nous et nos enfants. Trois millions d'euros, ça me paraît extravagant. Mais il le faut. Nous ne devrons rien à personne.

Robert parvient à décrocher un rendez-vous avec l'un des patrons de la Société Générale, Serge Foulatier. Je pénètre avec une certaine appréhen-sion dans le hall de ce magnifique palais de la Belle

Époque, boulevard Haussmann. Serge Foulatier me demande quelques jours pour décider. Ce sera oui. Le 1er décembre, nous nous rendons chez notre notaire de famille pour signer l'hypothèque. Je suis contente et j'ai le trac. Je me répète : « Si ça dérape, on va perdre la caution... » Mais j'ai confiance en Robert Benmussa. Le notaire aussi se montre encourageant. Il pense comme nous qu'il vaut mieux hypothéquer notre résidence principale que s'endetter auprès de riches particuliers, si bienveillants soient-ils. Très attentionné, il nous offre un café et des chocolats. Enfin, c'est fait. Plus rien ne s'oppose à la libération de Roman le 4 décembre.

Plus que trois jours pour préparer son arrivée au chalet. Nous partons en train la veille, les enfants et moi. J'ai peur des importuns, mais ça se passe sans drame. J'ai préparé ce voyage, que j'ai fait mille fois, comme s'il s'agissait d'une expédition périlleuse. Tout est millimétré. J'ai embauché toute une équipe pour assurer notre sécurité en Suisse. Deux hommes nous attendent sur le quai de la gare de Lausanne. Étrange d'être accueillis par de parfaits inconnus venus là pour notre bien. Ils nous embarquent à pas pressés dans une grosse voiture noire. Il est tard, la nuit est tombée, nous avons froid. La route est longue, la neige fouette le pare-brise, personne ne dit mot. Les enfants semblent tétanisés.

Une heure et demie plus tard, la voiture s'immobilise à quelques kilomètres du chalet. L'un des gardes sort de la voiture et prend dans le coffre une pile de plaids à carreaux : « Cachez-vous sous les couvertures, nous dit-il. Les médias sont là. Ils vous attendent. » En arrivant, je jette un coup d'œil, juste le temps d'apercevoir le spectacle. Des camions de télé du monde entier encombrent le chemin et entourent le chalet. C'est un chalet en bois au milieu de la montagne au bord d'un ruisseau. Les journalistes sont collés en grappe contre la clôture et aux abords du jardin. Je crois entendre les caméras tourner.

Camouflés sous nos plaids à l'arrière de la voiture, nous pénétrons directement dans le chalet par le garage. Les gardes montent nos valises dans les chambres. Ils s'installent dans un petit atelier près de la buanderie. Je vais les voir. Ils m'expliquent qu'ils vont se relayer toute la nuit mais qu'ils auront le renfort de la police dès l'arrivée de Roman, vers 13 heures. La maison me paraît vide, glaciale. D'habitude, Roman est là. Je ne suis jamais venue dans ce chalet sans lui.

Tous les volets sont fermés. Je recommande aux enfants de ne pas les ouvrir. Une nuit, je me suis réveillée affolée à l'idée qu'on pourrait nous épier et nous photographier. J'ai donc fait installer en catastrophe des petits stores. J'ai dû supplier un artisan du coin qui me les a gentiment fabriqués en soixante-douze heures. Mais ils ne sont pas encore baissés. Mon fils, très blagueur, ouvre quand même les volets du salon où j'ai allumé la télévision. Il se voit à l'écran : « Oh ! regarde, maman, je suis à la télé ! » Ça me rend dingue, ces médias qui abusent de notre intimité. « Le clan Polanski vient d'arriver dans le chalet », répète la télé en boucle.

Nous passons une soirée affreuse. La situation est anxiogène pour les enfants, enfermés avec tous ces vautours autour de nous. Ils sont un peu terrifiés. Moi aussi. Il n'y a rien dans le frigo. Dans mon obsession de sécurité, j'ai oublié l'essentiel, le dîner ! Elvis et Morgane ont faim. On range nos affaires. On finit par trouver des pâtes dans un placard. On dîne et on va se coucher.

Le lendemain, les autorités suisses viennent installer le système de sécurité pour le bracelet électronique. Cette fois, ce n'est pas pour nous protéger, mais pour empêcher leur prisonnier de s'enfuir. Je leur offre un café mais je ne peux m'empêcher de penser que ces gens ont peut-être posé en douce des micros dans tout le chalet. On attend Roman. Nous sommes tellement heureux ! Mais la présence des voyeurs professionnels nous gâche le plaisir. C'est pire que le Festival de Cannes. Les enfants et moi guettons l'arrivée de leur père en soulevant légèrement les stores.

À 13 heures surviennent deux limousines noires. Un hélicoptère tourne au-dessus de la maison. La foule est retenue par les barrières métalliques posées par la police. Les paparazzis se déchaînent. L'entrée du chalet par le garage se révèle toujours aussi utile. Le portail se referme. Roman ouvre la portière. Se retrouver enfin là tous les quatre, c'est... comment dire ? Magique. Et surréaliste, dans ces conditions.

Le soir, Hervé de Luze nous téléphone. Il était en train de travailler sur son ordinateur les finitions de *The Ghost Writer*, la scène où le Premier ministre britannique voit à la télévision l'hélicoptère qui tourne au-dessus de sa maison, quand Roman lui a envoyé une photo d'un hélicoptère tournant au-dessus du chalet. Une coïncidence ahurissante entre la réalité et la fiction. Roman pressent dans son œuvre ce que le destin lui réserve.

Cette nuit-là, je sens sous les draps le bracelet électronique que mon mari porte à la cheville gauche. Une sensation étrange. Cela me fait de la peine de le savoir avec ça, mais au moins il est avec nous.

Si pour Roman cette libération constitue une relative délivrance, les enfants et moi nous sentons piégés. Nous vivons ici comme des prisonniers, sous surveillance électronique et médiatique. Roman n'a pas le droit de sortir à plus de deux mètres de la maison sans déclencher l'alarme. Et nous ne pouvons mettre le nez dehors sans risquer d'être immortalisés. C'est insupportable. Mes enfants aussi sont traqués, ils manquent l'école, mais c'est important qu'ils voient leur père. Je ne peux aller faire les courses qu'accompagnée d'un garde du corps, toujours camouflée. Le quotidien s'organise peu à peu, jour après jour, avec ce sentiment terrible d'être sous l'œil de Big Brother.

On se cache. On prend les repas dans la cuisine tous les quatre, conscients que, dehors, ils sont là, prêts à shooter. On fait un feu dans la cheminée. Quand Elvis va chercher du bois dans le jardin, je suis sa progression à la télé et je suffoque. À l'affût d'une déclaration, les journalistes sonnent sans arrêt à la porte, comme s'il fallait nous rappeler à l'ordre. Nous leur appartenons. Les photographes, surtout, veulent LA photo de Roman dans sa cage « de luxe », je vois ça d'ici. Une photo qu'ils n'auront jamais, je me le jure. Ils parviennent à nous attraper dans leurs objectifs, moi ou les enfants. Ils publient une photo de moi, l'air hagard, à travers une vitre. Mais Roman, jamais. Cette petite victoire me fait un bien fou.

16

10 décembre 2009 : audience en appel à Los Angeles des avocats américains de Roman, qui réclament sa relaxe. 21 décembre 2009 : la justice américaine refuse l'abandon des poursuites. En famille, on joue au Uno, au Scrabble, au Memory, aux échecs, on regarde des films.

Chaque mauvaise nouvelle sert de tremplin à une réaction judiciaire à laquelle nous nous raccrochons. Les avocats de Roman se concertent. Ils décident d'adresser une requête au tribunal de Los Angeles, demandant à ce qu'il soit jugé par contumace. Samantha Geimer et ses avocats se joignent à eux officiellement. Ce qui prouve qu'elle a de la suite dans les idées. Déjà, au début de l'année, le 13 janvier 2009, Samantha a déposé une requête devant le même tribunal pour que les poursuites contre Polanski soient abandonnées. Dans sa déclaration écrite à la cour, elle avait qualifié l'insistance avec laquelle on demande au cinéaste d'apparaître en personne à l'audience de blague cruelle. Elle avait même offert de prendre sa place devant les magistrats ! « Si Polanski ne peut se présenter devant la cour, moi, en tant que victime, je peux. »

Incroyable Samantha. Rien ne l'oblige à agir de la sorte. Elle pourrait rester chez elle, à Hawaii, et supporter les assauts des médias, qui, bien sûr, quémandent honteusement ses réactions aux péripéties de la procédure d'extradition en cours. Elle aussi supporte mal l'insistance des paparazzis, qui n'hésitent pas à proposer de l'argent à ses enfants.

C'est bientôt Noël. On prépare le sapin. Ma famille vient nous rejoindre au chalet. Mes parents et mes sœurs arrivent le 18 décembre, avec mon neveu de deux ans. Mais les paparazzis sont toujours là. L'un d'eux se fait passer pour un livreur de pizza, un autre pour le père Noël. Un jour, ma sœur Mathilde et moi partons faire les courses au supermarché du village. À la sortie, je lui flanque le papier hygiénique dans les bras. On fait toutes les deux la couverture du *Parisien*, Mathilde avec des rouleaux de PQ jusqu'au menton ! Rien ne fait peur à Mathilde.

Pour Noël, le village nous a fait une surprise. Un orchestre folklorique suisse arrive dans le salon et, étrangement, la soirée se déroule très gaiement, peut-être l'un de nos meilleurs Noëls tous ensemble. Mes deux sœurs sont donc là, Mathilde avec son conjoint et leur fils, Louis, prénommé comme notre grand-père. Marie Amélie avec son petit ami, et bien sûr mes parents. La famille est soudée, chaleureuse. Roman prépare un bortsch. La table se couvre de plats polonais puis de gâteaux. Mon père, qui a commencé comme photographe, se déchaîne. Il fait poser Roman dans son bureau, avec son bracelet bien en évidence. Nous rions. Les photos sont très marrantes, je dois les avoir quelque part.

Le soir de la Saint-Sylvestre, ma famille est rentrée à Paris. Quelques amis et leurs enfants viennent réveillonner avec nous. Une soirée très gaie, on rit beaucoup. Les paparazzis se sont enfin lassés. La nuit du Nouvel An, c'est un rituel, on fait toujours des feux d'artifice, et c'est Roman qui s'en charge, il adore mettre son spectacle en scène. Il sort dans le jardin. Je m'inquiète. Dans son excitation, il oublie qu'il a une distance de deux mètres à ne pas dépasser. Lorsqu'il s'avance pour poser ses fusées, son bracelet électronique déclenche la sirène, une sonnerie assourdissante. Les policiers surgissent. « Qu'est-ce que vous faites, monsieur Polanski ? » Rien de méchant. La scène est tragi-comique. On a tous envie de rire. De rire et un peu de pleurer...

Voilà, nous sommes en 2010. Bonne année ! Roman est toujours sous le coup d'une extradition. Jamais ça n'aurait dû durer aussi longtemps. Il n'est plus en prison, mais il est cloué à son chalet, privé de liberté. Je ne peux pas m'habituer à ce que le monde puisse le considérer comme un être dangereux à tenir en laisse. C'est une histoire de fou. Jusqu'où va nous mener cette nouvelle année ? Je ne veux pas imaginer qu'on puisse l'extrader pour les États-Unis. Mais je ne peux pas accepter non plus qu'il reste encore captif.

Il va falloir qu'on quitte Roman pour retourner à Paris. Je ne suis pas tranquille, j'ai peur des fous. C'est lié à l'assassinat de Sharon. Lui n'a pas peur. Moi, je crains un drame à la John Lennon. Polanski est un nom qui déclenche des fantasmes si intenses, fiévreux, irrationnels. En même temps, depuis son arrestation, il est tellement soutenu publiquement par Hollywood, le tout-Paris et pas mal de journaux français, que ça me rassure. Quoi qu'il en soit, les enfants doivent reprendre l'école. Et moi, mes activités.

Je l'ai dit, pendant toute ma relation avec Roman, je me suis battue pour essayer d'être reconnue pour mon travail, pour moi-même. Après l'arrestation, tous les médias se sont appliqués à me remettre dans l'ombre de Roman. Pendant ces trois mois, on m'a proposé une couverture médiatique que je n'aurai jamais avec aucun rôle, aucun disque. J'aurais pu avoir la une des journaux du monde entier. Une interview avec Oprah Winfrey, la couverture de *Paris Match*, celle de *Vanity Fair*... Mais j'ai décliné. Je me refusais à exploiter ce filon. Je ne voulais pas être instrumentalisée et apparaître à mon tour comme une victime. Je ne me reconnais pas dans cette image de « femme de prisonnier ». Il y a quelque chose d'atroce et de vulgaire dans cette avidité des médias.

Maintenant que Roman est assigné à résidence, nous pouvons reprendre une existence un peu plus normale ; on n'est sûrs de rien mais la vie doit reprendre. On est moins traqués par les paparazzis. Je rentre à Paris avec les enfants le 3 janvier.

J'avais accepté de tourner un petit rôle avant l'arrestation dans un film de Jerzy Skolimowski, le réalisateur polonais. Je décide d'honorer mes engagements. Ce n'est que quelques jours, je ne peux pas me permettre de tourner plusieurs semaines, les enfants ont besoin de moi. D'ailleurs, nous nous sommes toujours débrouillés, Roman et moi, de façon à ce que l'un de nous deux soit présent pour eux.

17

Heureusement, mes parents sont là. Ils veillent sur les enfants quand je pars tourner.

En cette première semaine de février, je dois donc rejoindre Skolimowski en Pologne cinq ou six jours pour jouer Margaret, une paysanne qui recueille un terroriste en cavale joué par Vincent Gallo dans *Essential Killing*. La Polonaise que j'incarne est muette : je n'ai pas trop de dialogues à apprendre. Une voiture nous emmène, avec mon manager Patrick Péan qui m'a gentiment proposé de m'accompagner sur le lieu du tournage qui se trouve en pleine campagne, à soixante kilomètres environ de Varsovie. La route est couverte de neige. Dans ce pays, Roman est une icône. Et revoilà les paparazzis, que la production a pourtant chassés. Ils nous poursuivent à toute vitesse. Notre chauffeur se met à foncer comme un cascadeur, ça glisse, ça dérape, ça devient terrifiant. Patrick s'écrie : « Oh ! là, là, calmez-vous ! Elle n'est pas Lady Di et je ne suis pas Dodi al-Fayed ! » Le conducteur lâche l'accélérateur d'un air malheureux.

Cette escapade me fait du bien. Le tournage est court mais intense. Retour à Paris. La maison de disques veut sortir l'album, déjà repoussé d'octobre à janvier. On pourrait attendre encore, mais attendre quoi ? On ne sait toujours pas si Roman va être extradé ou non, ni quand. Ça peut durer des semaines, des mois. On sait juste qu'il est mieux car il est dans son chalet et non plus en prison.

On commence la promotion du disque. Les demandes d'interviews pleuvent. Je devrais être comblée par les articles qui me sont consacrés. Mais ils m'exaspèrent et me dépriment, car j'ai le sentiment, justement, qu'ils ne parlent jamais de mon travail. Un exemple, parmi d'autres : je fais la couverture du magazine *Elle*, le 22 janvier 2010. Je souris, en chemise blanche. Déjà, je n'ai que modérément envie de sourire. La photo choisie par le journal donne l'impression que je me force à faire bonne figure. La une me fait bondir. En lettres capitales, ce titre : « Emmanuelle Seigner brise le silence ». En plus petit : « Elle parle de son mari, Roman Polanski, de l'épreuve qu'ils traversent, de ses enfants et de sa passion pour la musique. » « Roman Polanski », imprimé en caractères gras bien sûr. C'est sans doute la règle du jeu médiatique, mais j'ai du mal à l'avaler.

Le 4 février 2010, je suis invitée par Marc-Olivier Fogiel, sur Europe 1. Première question, après m'avoir présentée comme discrète depuis trois mois : « Un projet artistique était-il important pour sortir de cette ambiance tumultueuse ? » À l'évidence, il n'a qu'une obsession, me faire parler de Roman, et de l'affaire. Je navigue comme je peux pour éluder. Il insiste : « C'était comment, ces mois-là, d'un point de vue

personnel ? » Je réponds aussi sobrement que possible :
« Ce n'était pas gai. » On en sort comment ? « Beaucoup plus fort, on profite plus des bons moments. »
Fogiel fait son job avec bienveillance, mais il ne se
rend pas compte du mal qu'il me fait.

Il évoque mon duo avec Roman, ce duo que je
n'ai pas voulu supprimer de mon album quand il a
été arrêté, par fidélité à ce que nous sommes, à ma
propre indocilité, à la part de jeu impliquée par cette
chanson : « Qui êtes-vous, monsieur, que faites-vous
dans mon lit ?/ Tu m'as déjà dit je t'aime/ J'appelle
la police/ Je ne veux que ton bonheur. » Fogiel suggère que je tends le bâton pour me faire battre. J'explique que j'ai choisi de garder ce duo car il avait
été enregistré en mai 2009, que c'était une façon de
rendre à Roman ce qu'il m'avait donné en m'offrant
mon premier grand rôle, dans *Frantic* : je lui offre là
sa première chanson. Mais ma réponse ne l'intéresse
sûrement pas. Il me demande si je soutiens mon mari.
« C'est normal », je réponds.

De toutes ces rencontres, je sors vaguement humi-
liée. Bien sûr, certains sont très sympas, comme
Michel Denisot, quand je suis invitée au *Grand Journal*
de Canal+. Le 30 janvier, *Libération Next* m'accorde
une magnifique couverture, avec une photo de Jean-
Baptiste Mondino. Le titre : « Sa vie est un roman ».
C'est le moins qu'on puisse dire. Un journaliste de
RTL me jure qu'on ne parlera pas de mon mari, juste
de l'album. Non seulement il ne m'interroge que sur
Roman, mais dès que j'ai le dos tourné il annonce :
« Info spéciale, Emmanuelle Seigner est venue nous

parler de son mari, Roman Polanski. » Tous ces gens me manipulent. Ils font mine de s'intéresser à moi pour me soutirer de quoi nourrir leur appétit malsain, et je n'ai pas envie, mais pas envie du tout de leur donner ça. C'est mon second album et c'est ça dont j'ai envie de parler.

Les journalistes n'en ont rien à faire. Ils ne me parlent que de l'affaire, et de Polanski, et puis Samantha, et la Suisse, et les Américains... Ils ne se rendent pas compte de ce que je traverse. Donc très vite, on décide d'arrêter la promotion. Et je commence les répétitions pour les concerts. Là, on ne me posera pas de question.

L'album doit sortir le 8 février. Au téléphone, Roman me raconte qu'il est malgré tout très entouré. Des tas de gens du village lui apportent des gâteaux et même des victuailles. Des voisins, des amis, des fidèles comme Johnny Hallyday, qui lui apporte un jour un hachis parmentier. Des inconnus, aussi. On a dû se séparer des gardes du corps, trop coûteux. Seule la femme de ménage veille sur son quotidien et, parfois, trouve à la porte des petits plats pour Roman, du vin, et même du champagne. Ces attentions lui font extrêmement plaisir.

Des amis font le voyage. Et puis Yasmina Reza vient passer une semaine en janvier. Roman a décidé d'adapter au cinéma sa pièce de théâtre *Le Dieu du carnage*. Il a une capacité formidable de faire comme si de rien n'était. On dirait qu'il est déterminé à s'accommoder de son destin. Il en a tellement bavé dans sa vie. Ils commencent à travailler ensemble sur le scénario. C'est ce qui peut lui arriver de plus heureux, écrire avec elle, s'évader dans un univers imaginaire.

J'essaie d'imaginer le film qui se profile. Il s'agit de deux couples qui tentent de régler poliment ensemble un conflit entre leurs enfants, mais ça dégénère, c'est féroce et désopilant. Yasmina, qui m'avait fait tourner dans son long métrage *Chicas*, m'avait invitée à voir sa pièce au théâtre, dans laquelle jouait Isabelle Huppert. J'avais emmené Roman et il avait adoré.

La réalité sape peu à peu mon énergie et ma volonté de croire que tout va s'arranger alors que rien n'est moins certain. Le 22 janvier, le jour de la une du magazine *Elle*, le tribunal de Los Angeles entend les avocats de Roman qui, soutenus par ceux de Samantha, demandent qu'il soit jugé par contumace. Une audience qui devrait avoir pour objectif de déterminer la peine qu'il aurait à subir. Le ministère public est contre, par principe. Roman a plaidé coupable de relation avec une mineure. « Cet aveu, c'est la Bible », répète depuis des semaines aux journalistes Steve Cooley, le procureur général du district de Los Angeles qui compte sur sa sévérité pour emballer ses électeurs.

Lawrence Silver, l'avocat de Samantha Geimer, a eu beau citer la Constitution californienne, qui intègre l'opinion des victimes dans la procédure, le juge Peter Espinoza donne raison à l'accusation, ce soir du 22 janvier, et rejette la requête : « C'est une question de dignité et d'intégrité de notre système, déclare-t-il. M. Polanski doit se rendre. » Écœurée par toute cette absurdité, me viennent parfois des idées folles. Et que se passerait-il si finalement il traversait l'Atlantique pour affronter la justice californienne ? Je chasse vite ces pensées dictées par l'accablement.

Jamais je n'oserais reprocher à Roman d'être ce qu'il est. Le fruit d'une histoire. L'homme le plus obstiné de la Terre lorsqu'il est convaincu d'être dans son bon droit. Jamais il ne fera de compromis par pur pragmatisme. Jamais il ne se livrera à une quelconque gesticulation qui pourrait laisser penser qu'il se soumet pour de mauvaises raisons.

18

Bernard Tapie me fait passer un message par Hervé Temime. Si j'avais soupçonné un jour que Tapie me proposerait de nous épauler, Roman et moi ! Je ne le connais pas, Bernard Tapie, mais j'imagine que notre situation l'a ému. Déjà, quand mon mari était en prison, il m'avait fait savoir : « Si les Suisses veulent l'extrader, si vous avez besoin d'un truc costaud, je suis là ! » Je n'ai pas osé imaginer ce que ça signifiait. Et maintenant, il évoque l'hypothèse d'une évasion, et fait savoir : « S'il doit s'évader, que sa femme ne s'inquiète pas pour la caution. » Pas une seconde, bien sûr, je ne prends ces propositions farfelues au sérieux. Je suis tout de même sensible à l'empathie dont elles témoignent. Beaucoup de gens ont envie de nous aider et ne savent pas comment s'y prendre.

Certains dénoncent le « lynchage mondialisé » dont Roman est la cible sur Internet, les tribunaux californiens, et le sort judiciaire que lui vaut sa célébrité. Je n'aime pas trop ce genre d'argument. Roman ne se compare pas, ne se plaint pas d'être plus maltraité qu'un autre. Il dit seulement que le juge a trahi sa parole, qu'il s'est vanté de pouvoir l'envoyer cinquante ans en prison, et que lui, Roman, n'a pas eu du tout envie de tester jusqu'où pouvaient se concrétiser les caprices de ce magistrat. Il ne prétend pas non plus avoir eu raison de partir.

Nous sommes sur des montagnes russes. Il y a des bas, et parfois des hauts, d'autant plus excitants qu'ils ne sont pas si fréquents. Le samedi 20 février 2010, *The Ghost Writer* remporte l'Ours d'argent du meilleur réalisateur au festival de Berlin. C'est Alain Sarde qui va recevoir le prix à la place de Roman. Je suis très heureuse pour lui. Décrocher ce prix sous bracelet électronique, c'est surréaliste, mais quel bonheur !

Nous fêtons ça en famille ; ça tombe pendant les vacances de février. Les enfants font du ski alpin, ils adorent ça comme leur père. Moi, je préfère les pistes de fond. Alors que Roman est attaché à sa laisse, dans le chalet, cet Ours d'argent le revivifie au moins pour quelques jours.

Une seconde bonne nouvelle tombe le 26 février. Depuis longtemps, les avocats réclament que le procureur Roger Gunson soit interrogé par la justice. Il est très malade, atteint d'un cancer, et les propos qu'il a tenus devant la caméra de Marina Zenovich ont révélé qu'il était un témoin particulièrement important puisqu'il met en cause dans le documentaire les volte-face du juge Rittenband et sa trahison de l'accord conclu en septembre 1977. C'est exactement ce que Roman et ses avocats n'ont cessé en vain de revendiquer.

Le procureur Gunson, chargé de l'accusation à l'époque, est un témoin d'autant plus essentiel qu'on ne peut le soupçonner de complaisance à l'égard de Roman

Polanski. Au début de l'affaire, il réclamait contre lui une peine de prison importante. Mais cet homme a le sens de la justice. S'il est prêt à confirmer devant un tribunal les propos qu'il tient dans le film, il ne faut pas laisser passer cette occasion. Or, comme il est très malade, le risque est grand de voir perdre ce témoignage capital.

Le procureur Gunson est enfin entendu ce 26 février 2010, puis les 9 et 10 mars. Il déclare sous serment devant le juge Mary Lou Villar et en présence du procureur actuel, David Walgren, que, le 19 septembre 1977, le défunt juge Rittenband a bien déclaré à toutes les parties que la peine de prison au pénitencier de Chino correspondait à la totalité de la peine que Polanski devait exécuter et qu'il l'avait purgée. Voilà la preuve que le mandat d'arrêt international lancé par les Américains n'est pas légal !

Ce témoignage va peser lourd, nous en sommes convaincus. Mais il est mis sous scellés. On ne peut ni le visionner ni en lire la transcription avant l'audience du tribunal devant lequel la justice californienne s'entête à exiger de voir se présenter Roman. Il n'est donc pas rendu public, mais nous en apprenons la teneur par les avocats, qui ont assisté à l'interrogatoire de Roger Gunson. Il s'y montre encore plus affirmatif et prolifique que dans le documentaire de Marina Zenovich, il insiste sur le fait que l'incarcération à Chino de Roman devait constituer la totalité de la peine.

Il me paraît évident que la transcription du témoignage du procureur va être communiquée aux autorités suisses qui, bien sûr, demandent une copie du procès-verbal. Le 18 mars, les avocats de Roman aussi font une démarche en ce sens. À leur tour, les défenseurs de Samantha réclament qu'une transcription de l'audition soit remise à Roman et rendue publique. Leur argument ? C'est « la chose juste, morale et légalement requise d'arrêter de dissimuler et de retenir des faits ». Il n'y a plus qu'à croiser les doigts.

Les autorités helvétiques ont prévenu qu'elles n'extraderaient Roman qu'au cas où il serait passible d'une peine de six mois de prison minimum. Cette idée me détruit. Ses défenseurs font valoir que le juge Rittenband avait prévu une réclusion qui ne dépasserait pas quatre-vingt-dix jours. Or, soulignent les avocats, il a déjà purgé soixante-neuf jours de prison en Suisse, et presque cent jours d'assignation à résidence, sans compter les quarante-deux jours effectivement passés à la prison californienne de Chino.

Le 3 mars, *The Ghost Writer* est sorti sur les écrans parisiens. Il fait la couverture des *Inrocks*, avec une photo poignante et ce titre : « Roman Polanski, entre réalité et fiction ». En effet, la fiction rejoint la réalité. Les spectateurs peuvent s'émouvoir au cinéma de ce qu'ils ont vu depuis des mois en boucle sur leur poste de télévision, un homme reclus, cerné par une foule avide d'informations et de polémiques. L'action se déroule sur une île, à défaut d'un chalet sous bracelet électronique. L'analogie est fulgurante, ça m'impressionne une fois de plus. Si j'étais superstitieuse, je dirais que Roman est une sorte de devin. Mais s'il possédait vraiment un don de prémonition, il échapperait au thriller de sa vie. Oui, je sais, c'est ce qu'il a cru faire en 1978 en prenant un aller simple pour l'Europe. Il avait simplement négligé l'idée que les États-Unis tiendraient jusqu'à la fin de sa vie à lui offrir un billet de retour.

The Ghost Writer remporte un grand succès. Les critiques sont enthousiastes. On salue l'élégance de ce puzzle paranoïaque offrant un suspense magistral. « Une véritable leçon de mise en scène », écrit *Le Point*. « Des tours épouvantables que lui a joués la vie, le cinéaste a tiré un sens de l'absurde hors du commun, propre à lui permettre d'apprécier l'ironie douloureuse de certains effets de miroir », écrit Pascal Mérigeau dans *Le Nouvel Observateur*. Les spectateurs affluent. Roman suit la promotion du film avec bonheur. Il regarde ses acteurs défendre son travail au *Grand Journal* et, tout ému, voit Pierce Brosnan et Ewan McGregor le saluer en direct : « *Hello, Roman!* » Ils soutiennent leur réalisateur.

19

Au chalet, Roman reçoit de nouveau la visite de Yasmina Reza, qui revient travailler avec lui sur le scénario de *Carnage*. Tous deux commencent à penser au casting. Il leur faut des acteurs anglo-saxons. Ils visent tout de suite de grands noms, si possible des stars hollywoodiennes. Roman n'a aucune difficulté pour décrocher l'accord de comédiens et de comédiennes formidables. Nul n'invoque ses ennuis judiciaires pour refuser. Alors qu'il est en résidence surveillée, menacé d'extradition, on se bat pour jouer dans son film. Le nom de Yasmina Reza est un atout de plus. Elle bénéficie d'une grande reconnaissance aux États-Unis, depuis le triomphe de sa pièce *Art*.

Roman retient Kate Winslet et Jodie Foster, dont j'admire tant le talent. Christoph Waltz et John C. Reilly, excellents aussi. Christoph vient voir Roman au chalet. Tout cela se met en place peu à peu tandis que, de mon côté, je me prépare à honorer sans folle conviction les concerts dont les dates sont arrêtées pour moi.

Chicas, le long métrage réalisé par Yasmina, sort le 10 mars. Nous nous retrouvons pour une projection,

117

André Dussollier, Carmen Maura et moi. Mon visage est placardé dans Paris. J'y souris avec cet air heureux des filles qui jouissent de la vie sans l'ombre d'un souci. Ce sourire me bouleverse. Est-ce que je vais retrouver cette insouciance qui me caractérisait ?

J'ai la tête ailleurs. Je guette la décision de la justice helvétique avec une impatience grandissante. Qu'est-ce qu'ils attendent ? Ils savent que la version du procureur Gunson, doublée de celle des avocats de Samantha, renforce la position de Roman. Que veulent-ils de plus ? Personnellement, je ne supporte plus cette hésitation qu'on devine derrière leur silence. S'ils veulent l'extrader, qu'ils le fassent ! S'ils pensent que l'arrestation est infondée, qu'ils libèrent Roman ! Nous sommes en mars 2010. Six mois de captivité, ça ne leur suffit pas ?

Ma sœur Marie Amélie téléphone à Roman, alors qu'elle dîne chez mes parents à Paris. Lui veut à tout prix savoir ce qu'ils ont mangé, dans tous les détails. Du petit salé aux lentilles, d'accord. Mais encore ? L'échange la bouleverse. Roman s'accroche aux bouts de vie qu'il lui reste, ceux des mètres carrés qui lui sont comptés, ceux des gens qu'il aime. Dans une vie normale, il aurait dû être là, avec mes parents, autour de la table de famille. Et chaque aliment qu'il déguste en pensée le rapproche de nous, de la liberté cachée dans les actes minuscules du quotidien qu'on lui interdit.

Chaque journée qui n'apporte aucune nouvelle information judiciaire s'étire interminablement. Roman va finir par devenir fou, à force de tourner en rond, ne sachant pas quand il recouvrera sa liberté. «Je suis habitué au chagrin», a-t-il un jour déclaré à la fin des années 1970. C'est faux, on ne s'habitue jamais. On se blinde. Et quand on a des enfants, le blindage se fissure. À l'âge qu'il a, à l'âge qui vient, les jours comptent double, sinon triple. Je devine à quel point à ses yeux ils valent de l'or, tant ils se raréfient. L'horizon se rapproche. J'ai envie de le serrer dans mes bras.

Le 30 mars 2010, le *New York Times* annonce que l'affaire Polanski est en voie de conclusion. La cour d'appel californienne a ordonné qu'on lui communique le témoignage du procureur Gunson. « Cela signifie que la cour pense que son contenu peut peser sur le destin de M. Polanski », écrit le journal. Il précise aussi que le procureur Stephen Cooley vient de rappeler à l'ordre Roman sous prétexte qu'il ose mettre en cause le système judiciaire américain alors qu'il « est installé dans un chalet suisse ». Il n'aurait pas le droit de soulever des arguments concernant une éventuelle mauvaise manière de la hiérarchie judiciaire tant qu'il ne se présente pas devant ses juges à Los Angeles. Justement, souligne le journal, la cour d'appel, elle, veut savoir avant toute audience si une faute a réellement pollué le système. Je ne sais plus qui écouter.

Avril 2010. Sept jours de répétitions en deux vagues au Planet Live, un studio à Bondy, tout près de Paris. Je suis là sans être là. Je suis disciplinée, et j'essaie de me montrer professionnelle. Cet album, je l'ai voulu, je me suis engagée. Je ne peux me permettre de ne pas faire le boulot, promo, répétitions et concerts. Je suis très inquiète pour mes enfants, Elvis est en sixième, une année importante, Morgane en terminale, avec le bac au bout. Je me demande comment ils supportent un chaos pareil. Ils sont courageux, je suis fière d'eux, vraiment. Mais bon, je suis folle d'angoisse. Ils m'ont toujours connue travaillant. Ils savent que j'aime la musique. Elvis aussi en est fou, il joue très bien du piano, sans avoir guère pris de leçons. Je ne m'éloigne pas longtemps, mes parents viennent toujours. Ma force, c'est ma famille, mes parents, mes deux sœurs, une famille où on se serre les coudes, j'ai beaucoup de chance.

On essaie de choisir les chansons, de trouver l'ordre dans lequel on va les présenter. Pour le disque précédent, j'étais la chanteuse d'un groupe, ce que je préfère. Là, je suis chanteuse solo. Mais j'aime bien prendre les décisions à plusieurs, je crois à l'intelligence du collectif. Cette fois, je suis un peu obligée de trancher.

J'écoute volontiers mon manager et mes musiciens. Tous, je le devine, lisent dans la presse des ragots sur Roman, ça me met mal à l'aise. Mais ils sont si bienveillants. Dans tous les cas, je me sens jugée et observée à chaque instant. C'est difficile d'être prise dans l'histoire de quelqu'un d'autre.

Le 22 avril 2010, la cour d'appel du deuxième district de l'État de Californie rejette la demande de Roman de rendre le jugement par contumace, ouvrant la voie à son extradition vers les États-Unis. Question de dignité, prétend le président de la cour. Ils veulent que Roman vienne à genoux les supplier. La demande d'abandon des poursuites présentée par Samantha Geimer est également balayée. Nous sommes pris dans un étau. J'étouffe dans ces arguties judiciaires, je ne comprends pas pourquoi on ne parvient pas à convaincre ces juges suisses et américains que personne n'a rien à gagner dans la poursuite de ce combat stupide pour une peine qui a déjà été prononcée et exécutée. On dirait que même le témoignage du procureur Gunson n'ébranle personne.

Le sort de Roman se joue en Suisse et en Californie. Je ne me fais guère d'illusions sur la capacité d'ouverture des Américains, mais il faut absolument que les magistrats helvétiques s'intéressent à ce témoignage placé sous scellés d'un procureur californien suffisamment convaincu pour qu'il prenne la peine de dire sa vérité alors qu'il est atteint d'un cancer. Il suffirait d'en rompre les scellés, comme l'ont demandé maintes fois les avocats de Roman. D'ailleurs, les Américains n'avaient pas hésité à rendre publique l'audition de Samantha Geimer devant le grand jury, audition par nature ultra confidentielle censée rester scellée pour la protéger. Mais la justice helvétique fait savoir qu'elle travaille sur l'hypothèse que la demande d'extradition des Américains est fondée sur des arguments solides et non sur un témoignage secret qui, semble-t-elle penser, ne changera rien à l'affaire. Accablée, je me prépare à chanter sans trop savoir si je vais y parvenir.

Heureusement, le 29 avril, la série de concerts que je dois assurer débute à Varsovie, au Palladium. Ça me plaît de retourner en Pologne, la terre d'enfance de Roman. Les Polonais aiment beaucoup leur compatriote, ils ont aussi une passion pour le rock et je me sens toujours bienvenue. Le concert se déroule à merveille. C'est un moment terriblement émouvant. La salle est pleine à craquer. Je sens beaucoup d'amour, de chaleur, de soutien, de réconfort.

Le Palladium est un superbe lieu, décor parfait pour réaliser des photos. Un magazine français envoie quelqu'un pour me photographier. Et je consacre deux jours à la promotion de l'album. On a moins de mal à canaliser les journalistes à Varsovie qu'à Paris. Les médias polonais me parlent de l'album, eux ! Bien sûr, ils tentent toujours une petite question sur Roman et l'affaire, mais je change de sujet et ils n'insistent pas. Parfois, pour leur faire plaisir, je glisse que mon mari va bien et c'est tout. Ils sont assez sympas pour se souvenir qu'on leur a demandé de ne pas aborder le sujet. C'est ma vie, pendant ces quelques heures. Ma musique, mes chansons, oui, ma vie.

Rien à voir avec mon propre pays, où je traverse des moments tellement humiliants face à des médias qui ne me parlent que de « ça », comme si je ne créais rien, comme s'ils ne m'avaient invitée que pour leur faire de sordides révélations. Fin avril, l'horizon ne se dégage pas et l'affaire semble s'enliser. Je ne suis pas rassurée.

20

Je ne suis pas la seule à paniquer. Enfin, Roman brise le silence dans lequel il s'est enfermé depuis des mois. Le 2 mai, il publie une tribune dans la revue *La Règle du jeu*, reprise à la une dans le quotidien *Libération*. Je découvre le titre : « Je ne peux plus me taire ! » S'il ne peut plus se taire, tel que je le connais, c'est qu'il n'en peut plus.

Avant de la publier, il me l'a fait lire. Je l'ai trouvée aussi juste que possible, claire et détaillée. Son mutisme était dur à vivre, il était urgent qu'il fasse quelque chose. Dès qu'il est sorti de prison, mes enfants, mes parents et moi ne cessions de le supplier : « Exprime-toi ! » Je ne comprenais pas cette façon qu'il avait adoptée de se laisser crucifier sans réagir. Mais il haussait les épaules : « Ça ne sert à rien ! » répétait-il.

Roman entretient un rapport très compliqué avec la presse depuis la mort de Sharon. Ce n'est pas un bon client. Il ne sait pas simplifier, dégainer des propos péremptoires, la ramener, bref se défendre. Au fond, j'aurais rêvé qu'il aille au journal télévisé expliquer ce qui lui arrive et raconter le passé. Mais c'est impossible, il se l'interdit. D'ailleurs, il ne veut pas parler de Samantha, il est touché par la façon dont elle se comporte à son égard et n'a aucune envie d'en dire du mal.

Enfin, voilà, cette tribune est sous mes yeux, malgré les avocats de Roman qui, par prudence, ne l'encourageaient guère à parler. Ce sont ses producteurs qui l'ont poussé à écrire sous ce titre : « Je ne peux plus me taire ! » :

Depuis sept mois, le 26 septembre 2009, date de mon arrestation à l'aéroport de Zurich, où je me rendais pour recevoir des mains du représentant du ministère de la Culture suisse un hommage pour l'ensemble de mon travail, je n'ai pas souhaité m'exprimer et j'ai demandé à mes avocats de limiter leurs commentaires à l'indispensable. Je voulais que les autorités judiciaires de Suisse et des États-Unis ainsi que mes avocats puissent faire leur travail sans polémique de ma part. J'ai décidé de rompre le silence pour m'adresser directement à vous sans intermédiaires et avec mes propres mots. Comme chacun d'entre nous j'ai eu, dans ma vie, ma part de drames et de joies et je ne vais pas essayer de vous demander de vous apitoyer sur mon sort, je demande seulement d'être traité comme tout le monde. C'est vrai : il y a trente-trois ans j'ai plaidé coupable, j'ai exécuté une peine à la prison de droit commun de Chino, pas dans une prison de VIP, qui devait couvrir la totalité de ma condamnation. À ma sortie de prison le juge a changé d'avis et a prétendu que le temps passé à Chino n'était pas l'exécution intégrale de ma condamnation et c'est ce revirement qui a justifié mon départ des États-Unis. Cette affaire a été sortie de sa torpeur de trente ans par une cinéaste qui a voulu faire un documentaire et qui a recueilli les témoignages des personnes concernées à l'époque sans que je participe de près ou de loin à ce travail. Ce documentaire a mis en lumière le fait que j'avais quitté les États-Unis parce que je n'avais pas été traité équitablement ; et il a, aussi, déclenché la vindicte des autorités judiciaires de Los Angeles qui se sont senties attaquées et ont décidé de demander mon extradition à la Suisse, où je me rends régulièrement depuis plus de trente ans sans jamais avoir été inquiété.

Aujourd'hui je ne peux plus me taire ! Je ne peux plus me taire parce que les autorités judiciaires américaines viennent de décider, au mépris de tous les arguments et dépositions de tierces personnes, de ne pas accepter de me juger hors ma présence, alors que la même cour d'appel avait recommandé le contraire.

Je ne peux plus me taire car la victime a été déboutée par la cour de Californie dans son énième demande d'arrêter, une fois pour toutes, les poursuites à mon égard et pour cesser d'être harcelée chaque fois que l'on reparle de cette affaire.

Je ne peux plus me taire car mon affaire vient de connaître un énorme rebondissement : le 26 février dernier, Roger Gunson, le procureur chargé de l'affaire en 1977, aujourd'hui à la retraite, a déclaré sous serment devant le juge Mary Lou Villar, en présence de David Walgren, le procureur actuel, qui avait tout loisir de le contredire et de l'interroger, que le 19 septembre 1977 le juge Rittenband avait déclaré à toutes les parties que ma peine de prison au pénitencier de Chino correspondrait à la totalité de la peine que j'aurais à exécuter.

Je ne peux plus me taire car la demande d'extradition aux autorités suisses est basée sur un mensonge : dans cette même déposition le procureur Roger Gunson a ajouté qu'il était mensonger de prétendre, comme le fait l'actuel procureur dans sa demande d'extradition, que le temps passé à Chino avait été un temps consacré à des examens psychologiques. Dans cette demande il est dit que je me suis enfui pour ne pas subir une condamnation de la justice américaine ; or dans la procédure « plaider coupable » j'avais reconnu les faits et j'étais retourné aux États-Unis pour exécuter ma peine : il ne restait plus qu'à faire entériner cet accord par le tribunal, avant que le juge décide de renier l'accord pris pour se faire une notoriété médiatique à mes dépens.

Je ne peux plus me taire car, depuis plus de trente ans, ce sont mes avocats qui ne cessent de répéter que j'ai été trahi par le juge, que le juge s'est parjuré, et que j'ai exécuté ma peine ; aujourd'hui c'est le procureur de l'affaire, à la réputation irréprochable, qui sous la foi du serment, a confirmé tous mes dires et cela a une tout autre portée et projette sur cette affaire une tout autre lumière.

Je ne peux plus me taire car aujourd'hui les mêmes causes produisent les mêmes effets et le nouveau procureur qui s'occupe de cette affaire et qui a demandé mon extradition est lui aussi en campagne électorale et a besoin de notoriété médiatique !

Je ne peux plus me taire parce que les États-Unis continuent de réclamer mon extradition plus pour me livrer en pâture aux médias du monde entier que pour prononcer un jugement sur lequel un accord a été pris il y a trente-trois ans.

Je ne peux plus me taire parce que je suis assigné à résidence à Gstaad au prix du versement d'une très grosse caution que je n'ai pu recueillir qu'en hypothéquant l'appartement que j'habitais depuis plus de trente ans, que je suis

126

loin de ma famille et que je ne peux plus travailler. *Voilà ce que j'avais à vous dire en restant dans l'espoir que la Suisse reconnaîtra qu'il n'y a pas lieu à extradition et que je pourrai retrouver la paix et ma famille en toute liberté dans mon pays.*

Roman Polanski

21

Toulouse, le 4 mai. Puis Bordeaux, Nantes, Bruxelles. J'enchaîne les concerts. Je fais ce que j'ai à faire, mais j'ai demandé au tourneur de ne pas en rajouter. Au Palace, à Paris, le 10 mai, c'est plein. Je chante deux titres en l'honneur de Roman qui n'est pas là pour les écouter. La berceuse de *Rosemary's Baby* et une reprise de Jacques Dutronc : « On nous cache tout, on nous dit rien ». Un clin d'œil à mon mari, qui « ne peut plus se taire ». Allusion à la situation kafkaïenne dans laquelle nous sommes.

Beaucoup d'amis sont là, au Palace, ça me fait plaisir, je ne me trouve pas géniale. Comment ne pas douter de tout, et d'abord de moi-même ? Et puis cette gêne sournoise dont je ne parviens pas à me défaire. Je n'ai pas honte, et surtout pas de l'homme que j'aime. Et pourtant si, subrepticement, j'ai un peu honte : je crains le jugement des autres, je redoute même le regard accusateur de ma boulangère. Cette sensation-là me ronge.

Depuis le début de ma vie avec Roman, j'avais parfois entendu évoquer l'affaire Samantha Geimer, mais le mot « viol » n'avait jamais été prononcé. « Viol »,

129

c'est pour moi un mot impossible. Il avait couché avec une fille mineure qui allait avoir quatorze ans. Il a plaidé coupable pour relation illicite avec une mineure sans chercher à échapper à la justice californienne. Quand j'avais lu l'autobiographie de Roman en 1985, l'histoire de Samantha m'avait paru représentative de l'époque et j'ai compris aussi que la mère de l'adolescente l'avait, malgré elle, exploitée. D'ailleurs Samantha a décidé elle-même de combattre courageusement l'obscurantisme faussement vertueux de la justice californienne.

La relation de Samantha à Roman n'est certainement pas une relation de bourreau à victime. Les photos étaient prises, la séance était terminée, il n'y avait pas d'enjeu. Elle a d'ailleurs toujours affirmé avoir été plus traumatisée par l'acharnement médiatique et judiciaire que par l'événement lui-même.

Tout ça tourne dans ma tête, et c'est insupportable. Roman et moi, on s'appelle chaque jour. Pendant tous ces mois d'enfermement, nous ne parlons pas de Samantha.

Si Roman reste dans un silence pudique et travaille à son scénario, la fébrilité autour de lui est palpable. Le 8 mai, le philosophe Alain Finkielkraut écrit dans *Le Journal du dimanche* : « Ce n'est pas en dépit mais du fait de sa notoriété et de son aura que Polanski qui, aux dires mêmes de l'accusation, n'est ni un violeur ni un pédophile, fait l'objet d'un tel acharnement. »

Le Festival de Cannes s'ouvre le 12 mai. Une nouvelle pétition est lancée en faveur de Polanski, signée par des cinéastes comme Jean-Luc Godard, Agnès

Varda ou Bertrand Tavernier. Cela sert-il à quelque chose ? Je ne sais pas, je ne sais plus.

En route pour le chalet avec les enfants, le vendredi 14 mai, au lendemain de l'Ascension, je reçois un coup de téléphone. C'est une femme, source confidentielle, qui m'annonce : « Les autorités suisses ont pris leur décision, elles ne vont pas extrader votre mari. Mais elles ne l'annonceront pas avant le mois de juillet. N'en parlez à personne, je vous prie. À personne, pas même à vos avocats. »

La source est fiable. Ma poitrine se gonfle d'espoir, j'ai du mal à y croire. Je balbutie :

« Mais vous êtes sûre ?

— Oui, oui, c'est certain. »

Je la remercie comme si c'était elle qui avait pris la décision. Cette fois, c'est vrai, on va sortir de cet enfer, Roman va rentrer à Paris, on va revivre normalement, tourner la page, effacer de notre mémoire cette année horrible. Je suis tellement heureuse.

Je ne peux m'empêcher de partager mon soulagement avec mes enfants qui, dans la voiture, me regardent avec anxiété. Morgane a tout entendu. Mais j'explique à Elvis l'importance de la nouvelle. Pour lui — que nous essayons de protéger au maximum —, cela ne fait pas beaucoup de différence depuis que son père est au chalet, aimable, disponible, presque comme avant. L'intolérable, pour eux, c'était de le savoir en prison. Vite, annoncer la nouvelle à Roman !

Le téléphone sonne de nouveau, j'ai un mauvais pressentiment. Est-ce que cette femme va revenir sur son information et m'annoncer qu'elle m'a juste fait une farce ?

Non, c'est simplement Hervé Temime, l'avocat efficace, l'ami fidèle. Je brûle de lui annoncer la nouvelle, mais j'ai promis de me taire. Il me demande machinalement si ça va, comme s'il était ailleurs. Le ton est grave, il a l'air tendu : « On a un problème, s'écrie-t-il. Il y a une fille qui prétend avoir été victime de Roman, je ne sais pas qui c'est. »

22

« Non, non, non, ce n'est pas possible, ça ne va pas recommencer ! » Mon regard croise celui de Morgane, dont le visage s'est refermé. Elle est aussi désespérée que moi. Y aura-t-il un revers à chacun de nos petits moments de bonheur ?

En arrivant au chalet, les enfants font tout de même la fête à Roman. Dans cet endroit sous surveillance, je suis anxieuse, j'imagine des micros partout, dissimulés dans les stores, planqués dans les boiseries, glissés sous le sommier. J'ai deux nouvelles pour lui, une bonne et une mauvaise. Commençons par la première. Je me penche vers lui pour murmurer à son oreille : « Tu vas être libéré en juillet, les Suisses renoncent à t'extrader, c'est bientôt fini. » Son visage s'illumine. Sourire extatique. Il me prend dans ses bras, si tendre, si heureux que j'ai envie de pleurer.

La mauvaise nouvelle, maintenant. Mais je suis bête, il est déjà au courant, évidemment, Hervé l'a appelé. Cette rumeur nous sape le moral. Il faut attendre le soir pour apprendre l'essentiel : à peine quarante-huit heures après l'ouverture du Festival de Cannes, histoire de parasiter l'événement, de prendre à témoin le monde du cinéma, et de donner un écho spectaculaire à ses accusations, une actrice britannique vient de donner une conférence de presse internationale à Los Angeles. Elle explique qu'elle s'est présentée devant le procureur californien et qu'elle lui a affirmé avoir été abusée sexuellement par Roman Polanski, dans son appartement parisien, lorsqu'elle avait seize ans. Aujourd'hui âgée de quarante-deux ans, l'accusatrice s'appelle Charlotte Lewis.

Quand nous découvrons son nom, Roman et moi nous regardons, sidérés. J'ai envie de rire. Je me souviens de Charlotte Lewis, une débutante d'un an de moins que moi que j'avais croisée en 1985 sur le tournage de *Pirates*, quand j'étais allée voir Roman en Tunisie, alors que notre histoire venait tout juste de commencer. Toute l'équipe, et elle aussi, avait compris que Roman était en train de tomber amoureux. Agacée de voir son réalisateur aux petits soins pour moi – il s'était par exemple jeté à l'eau tout habillé du bateau où il tournait, pour aller chercher ma veste, tombée à la mer –, la jeune comédienne, dont c'était le premier film, m'avait coincée dans un couloir et m'avait dit, en anglais, quelque chose du genre : « Il faut que tu dégages, car je suis amoureuse de Roman. » Je la voyais souvent rôder sur la plage, devant la maison que nous habitions. Elle nous espionnait, telle Glenn Close dans *Attraction fatale*.

Au lendemain de l'ouverture du Festival de Cannes, Charlotte Lewis a donc convoqué les journalistes en Californie pour se plaindre d'avoir été « forcée » par Roman et raconter qu'elle avait fait une déposition auprès de la police de Los Angeles et du bureau du procureur, dans l'espoir que son témoignage impressionnerait les autorités suisses au moment de rendre leur décision sur l'extradition dans l'affaire Geimer. Le tout sous la houlette de Gloria Allred, une célèbre avocate américaine spécialisée dans la défense des femmes qui se disent agressées par des personnalités, connue pour orchestrer les causes qu'elle soutient en jouant à fond la carte médiatique et financière.

En apprenant ces attaques, je suis meurtrie. Charlotte Lewis, que Roman avait choisie pour son visage d'infante espagnole, mais qu'il avait dû faire doubler, ne m'avait pas paru en 1985 traumatisée par un viol qu'elle aurait subi deux ans plus tôt. Je ne doute pas qu'il ait couché avec elle. Mais un viol ? C'est absurde, risible. Ça ne fait pas rire Roman. Il est vert de rage. Elle ne porte pas plainte, elle le salit juste. Et c'est sans risque pour elle, puisque les faits sont prescrits, rien n'est vérifiable. Dans ce cas, dénoncer ne sert à rien juridiquement, elle le sait, son avocate le sait.

La polémique est relancée. Samedi soir, le président du Festival, Gilles Jacob, réagit plus que mollement : « Il y a le cinéaste et le citoyen. Le cinéaste est un immense cinéaste. Il y a le citoyen. Personne n'est à l'abri des lois. » On sent une certaine gêne sourdre dans le petit monde cannois et le diviser. La presse s'empare du sujet.

Le 18 mai, le quotidien *Libération* évoque un entretien donné en 1999, soit dix ans plus tôt, au journal britannique *News of the World* dans lequel l'actrice a offert une version bien différente de sa relation avec

Roman : « Je savais que Roman avait fait quelque chose de mal aux États-Unis, mais je voulais être sa maîtresse », explique-t-elle alors. Elle ajoutait : « Il me fascinait. Je le désirais probablement plus que lui ne me voulait. » Dans cet entretien avec le tabloïd, il était précisé que Charlotte Lewis avait dix-sept ans, et non seize, lorsqu'elle a couché pour la première fois avec Polanski, et que leur relation aurait duré six mois. *Libération* précise : « Jamais dans l'interview Charlotte Lewis ne fait allusion à d'éventuels abus sexuels », écrit l'auteur de l'article, Olivier Wicker.

Dans le journal britannique, elle raconte aussi qu'elle a commencé à avoir des relations sexuelles tarifées avec des hommes plus âgés dès ses quatorze ans : « Je ne sais plus avec combien d'hommes j'ai couché à l'époque pour de l'argent. J'étais naïve. On me disait d'être gentille avec Untel… » Elle relate des voyages au Moyen-Orient, cite le nom de célébrités avec qui elle a eu des relations ou qu'elle a draguées, évoque ses « cures de désintoxication ». Bref, on peut se demander pourquoi elle a jugé bon d'aller accuser Roman vingt-six ans après. Toute cette malveillance me paraît choquante. Je suis abasourdie, je ne comprends pas.

L'explication de Charlotte est plutôt laborieuse : « En plus du fait que sa victime [Samantha] et moi-même étions toutes les deux mineures, je crois qu'il y a d'autres similarités dans les crimes qu'il a commis. Il est très important que le bureau du procureur et les autorités suisses disposent de cette information quand ils décideront du sort de M. Polanski. »

Le 18 mai, Xavier Beauvois, le réalisateur du film *Des hommes et des dieux*, monte les marches du palais en arborant un tee-shirt noir barré d'une inscription en grosses lettres : « Roman Polanski ». Devant la presse, il prend fait et cause pour Roman : « M. Polanski est dans une situation complètement kafkaïenne. Il a eu un procès, il est allé en prison, il a payé, il a dédommagé. [...] Et là, je ne sais pas pourquoi, quelqu'un veut se taper une vedette aux États-Unis, il y a des mensonges de la part du procureur et on est dans le grand n'importe quoi ! » Puis, il balaie en quelques phrases l'épisode Lewis : « Quant aux nouvelles accusations, vingt ans après, en plein Festival de Cannes, je trouve cela un peu ridicule. En plus, si j'avais des problèmes avec un metteur en scène, je ne me vois pas faire un film avec lui juste après. »

Quand, quelques jours plus tard, le cinéaste décroche pour *Des hommes et des dieux* le Grand Prix du Festival de Cannes, j'applaudis avec enthousiasme.

23

Retour à Paris. Bernard-Henri Lévy me téléphone.
Je le connais peu. Je sais qu'il est de ceux qui ont soutenu très activement Roman. Sans doute ne supporte-
t-il pas l'injustice. Il lance qu'il doit absolument me
parler. Je sens que je n'ai pas le choix, le ton est
pressant. Il suggère l'hôtel Raphael. Le rendez-vous
est pris. Dès que j'arrive, il me demande de retirer la
puce de mon BlackBerry. Je m'exécute.

Alors, convaincu que Roman va être extradé, il
m'explique que nous n'avons plus le choix : il faut
organiser son évasion. Je m'interdis de répondre que
mon mari va être libéré si l'affaire Charlotte Lewis
ne remet pas tout en cause. Je m'abstiens aussi de lui
avouer que j'ai moi-même flirté avec cette idée folle
d'évasion, lorsque Roman était en prison. Cela ne l'in-
téresserait pas, je crois qu'il me prend pour une blonde.

Il m'explique très gentiment qu'il faudra louer un
hélicoptère, recruter un pilote. « Pour commencer,
faites des photos du chalet et du terrain autour »,
me conseille-t-il. Dans l'ardeur de son plaidoyer, il
conclut : « Avant, vous étiez une jolie actrice, maintenant vous serez dans les livres d'histoire. »

J'ai surtout l'impression d'être dans un film de Spielberg, c'est grotesque. La « jolie actrice » sait parfaitement que Roman est sensible à la solidarité exprimée par Bernard-Henri Lévy mais qu'il ne supporterait pas, même pour rire, qu'on évoque la possibilité d'une évasion. Lui ne l'aurait jamais envisagée. Il m'a dit qu'il ne ferait jamais ça. Il considère qu'il ne s'est pas évadé en 1978, car il n'était pas arrêté à l'époque. Il a juste fait le choix de ne pas prendre le risque de s'exposer à une peine de réclusion dictée par les médias et décidée par un juge qui avait déjà trahi deux fois. Libre de ses mouvements, il est parti. Cela peut paraître paradoxal, mais Roman est plutôt tatillon sur le respect des lois et des règlements, ça m'agace souvent.

Notre existence reprend son cours, de façon chaotique. C'est une demi-vie. L'angoisse de l'extradition pèse toujours sur nous. On a tellement peur que les Suisses changent d'avis. Tant que leur décision n'est pas officielle, ils le peuvent, j'en ai une conscience aiguë. Dès qu'on a un long week-end, on va rejoindre Roman à Gstaadt. Le reste du temps, il se débrouille très bien seul, avec ce fatalisme vaillant qui le caractérise. La femme de ménage lui fait les courses. Il reçoit quelques visites, cuisine seul, c'est triste.

Je repars en tournée avec un peu d'angoisse, mais le cœur plus léger qu'au début. J'avais la hantise qu'un cinglé surgisse et m'attaque. J'étais fragilisée. Est-ce que je le suis encore ? On a reçu des lettres d'insultes, mais aussi des mots très gentils de la part d'inconnus. Comme je l'ai déjà évoqué, l'histoire de Roman est si troublante que j'ai peur d'un déséquilibré.

18 mai 2010, Le Cargö, à Caen. Le 19, je suis à Lille. Un petit concert sur une péniche, une ambiance chaleureuse, les gens sont debout, certains dansent. J'aime quand il y a la fièvre, quand c'est un peu animal. Le 27, on part pour Lyon, au Transbordeur. Encore une belle salle, un public merveilleux. Le 28, c'est Clermont-Ferrand, La Coopérative de Mai, très sympa. J'aime moduler ma voix, tenir mon micro, onduler sur scène. J'aime sentir le public vibrer. Finalement, la musique m'aide à tenir. Le temps n'en finit pas de s'étirer. Juillet, c'est loin. Tout peut arriver.

Les enfants font mon admiration. Elvis se sort avec brio de son année de sixième, malgré tout ce qu'il endure. Quant à Morgane, elle décroche son bac international et passe avec succès le concours qui va lui permettre en septembre d'intégrer une classe préparatoire à St Martin's, à Londres. À 17 ans, elle est trop jeune pour avoir le droit d'entrer dans l'une des écoles d'art dramatique qu'elle vise. L'idée qu'elle quitte Paris pour un temps m'attriste et me rassure. L'air est pollué ici, en 2010, pour une Polanski. Ce n'est pas simple pour mes enfants. Je les trouve plutôt stoïques dans l'épreuve. Mais que se passe-t-il au fond d'eux ? Je m'inquiète. Il ne faut pas qu'on les abîme.

Le 4 juin, je pars pour un concert à Marseille. Puis, le 8, je m'envole pour le Québec. Ce pays me flanque le cafard, il me rappelle de mauvais souvenirs. En 1994, j'étais venue invitée à un festival pour un film de Claude Miller. Il fallait faire la promo jusque dans les centres commerciaux. Je m'étais sentie si mal à l'aise que je m'étais enfuie à New York faire la fête.

Ce n'était pas très sympa pour mon réalisateur. Je me souviens lui avoir laissé une lettre sous la porte de sa chambre où je lui déclarais que je ne supportais pas d'être là. C'était nul, égoïste et très désagréable de ma part. J'étais capable de ce genre de folies quand j'étais jeune. Heureusement, j'ai changé.

Mais je vais mal. On me pose trop de questions sur Roman. J'ignore la date de sa libération. J'ignore même s'il va vraiment être libéré. Rien ne me prouve qu'il ne va pas l'être. Par ailleurs je dois faire semblant de croire qu'il risque d'être extradé. Bref, c'est une confusion insensée dans ma tête, et j'ai du mal à assumer la promotion de mon album. C'est une période sombre, alors que je pourrais imaginer que le soleil se lève à l'horizon. Il y a toujours une petite voix pessimiste qui vient contrer ma nature optimiste. Je ne peux m'empêcher de songer à cette phrase assassine récemment balancée par le juge californien. Il prévenait que si Roman était extradé, il l'enverrait en prison et retarderait l'audience le plus longtemps possible pour « lui rabattre le caquet ».

Alors, oui, je chante le 13 juin, aux FrancoFolies de Montréal. « Lève-toi/ Bouge tes hanches/ Fais glisser ta robe blanche/ Mets du rouge sur mon col/ Viens salir ton auréole/ Tu es belle quand tu pleures. » Et je chante encore : « Nous irons renaître/ De la dernière pluie/ Ouvre nos fenêtres/ Sur ce paradis/ Que je t'ai un jour/ Promis mon amour. » Le paradis se fait attendre.

24

À mon retour à Paris, à la mi-juin, abrutie par le décalage horaire, je reste devant ma télé sans le son. Tout à coup, j'aperçois un bandeau annonçant que, finalement, après bien des tergiversations, la banque suisse UBS accepte de remettre les noms de quatre mille cinq cent cinquante clients américains à l'administration fiscale américaine. J'appelle immédiatement Marina Zenovich pour le lui raconter. J'ai désormais totalement confiance en cette documentariste qui s'est révélée déterminée à chercher la vérité tout en restant fidèle aussi bien à Samantha Geimer qu'à Roman. Elle est toujours convaincue, comme le *Financial Times*, que l'arrestation de Roman a un lien avec l'affaire UBS qui abîme depuis des mois les relations entre Berne et Washington. Elle réagit au quart de tour : « Tu vas voir qu'ils vont bientôt libérer Roman ! »

Je raccroche un peu éberluée. Faut-il la croire ? Elle prétend que l'arrestation de Polanski a servi de gage de bonne volonté de la part de la Suisse dans le bras de fer qui l'oppose aux États-Unis. Depuis qu'elle a évoqué cette hypothèse complotiste, en automne dernier, cette idée me trotte dans la tête. Au début, lorsque je la connaissais peu, je pensais que ça arrangeait bien Marina d'échafauder cette théorie. De façon rapide, assez injuste, je lui en voulais. Si elle avait raison, son film ne serait plus le déclencheur du sort infligé à Roman et elle n'aurait pas réveillé l'intérêt de la justice américaine. Bref, elle ne serait responsable de rien. Mais si, de fait, elle avait raison ? J'aimerais tellement, ce soir, qu'elle ait raison.

Honnêtement, quand Marina m'en a parlé la première fois, je n'ai rien pigé à ce truc d'UBS qui me paraissait fumeux. Maintenant, j'ai envie de comprendre. Je me renseigne, j'en parle avec Roman, avec des amis, je lis les journaux. D'abord, l'actualité. Alors, oui, je confirme : le Parlement helvétique, après avoir refusé d'obtempérer en première lecture, a bien voté en faveur de la transmission de quatre mille cinq cent cinquante dossiers de clients américains qui ont pratiqué l'évasion fiscale.

L'histoire remonte en effet à l'année précédente. Premier acte : en février 2009, acculée par les menaces de représailles judiciaires et financières de Washington, la première banque helvétique accepte de livrer au fisc américain le nom de deux cent cinquante clients et de s'acquitter d'une amende de 780 millions de dollars. Pour solde de tout compte, espère l'UBS. Mais trois jours plus tard, les Américains lui réclament le nom de cinquante-deux mille de leurs ressortissants aussi soupçonnés d'évasion fiscale.

Deuxième acte : en août 2009, un mois avant l'arrestation de Roman, l'UBS signe avec le fisc américain un accord amiable aux termes duquel ce dernier renonce à lancer une procédure civile et la banque, elle, s'engage à lui donner quatre mille cinq cent cinquante clients. Un cataclysme dans un pays attaché à la tradition du secret bancaire. Trahir quatre mille cinq cent cinquante clients ? La population est outrée. Eveline Widmer-Schlumpf, ministre de la Justice suisse, défend l'accord en soulignant que, sans cela, UBS aurait dû régler des amendes si élevées qu'elles auraient menacé l'existence même de l'établissement. En fait, le total des noms promis est bien en deçà des exigences américaines. Le commissaire de l'Internal Revenue Service, Douglas Shulman, prévient qu'il n'en restera pas là et que la lutte contre l'évasion fiscale est l'une des « priorités premières » de l'administration.

Troisième acte : en janvier 2010, l'accord amiable est rendu caduc par le tribunal administratif fédéral, sous prétexte que le Parlement helvétique ne l'a pas approuvé au préalable.

Quatrième acte : début avril, le Conseil fédéral, c'est-à-dire le gouvernement suisse, passe outre et signe le protocole autorisant provisoirement la transmission des quatre mille cinq cent cinquante noms.

Cinquième acte : le 17 juin 2010, le Parlement finit par s'incliner et voter malgré la forte opposition de bien des députés. Pragmatisme oblige. Outre l'existence de la banque UBS, un blocage suisse mettrait lourdement en péril la santé des relations entre les deux pays.

Nous en sommes là. Et je ne suis guère plus avancée. Quel rapport avec Roman Polanski ? Maintenant que l'accord est signé, les Suisses n'ont plus besoin de l'utiliser comme concession possible dans la négociation.

Je ne saurai sans doute jamais si la théorie de Marina Zenovich est la bonne. Je n'oublierai pas à quel point elle s'est sentie coupable et nous l'a répété pendant ces longs mois, alors que c'est sans doute la démarche un peu trop enthousiaste et présomptueuse des avocats outre-Atlantique qui a suscité la réaction des magistrats californiens.

Elle assure qu'il va être libéré très vite. Mais sa conclusion corrobore en tout cas l'information chuchotée par ma source confidentielle. Cette fois, j'ai très envie d'y croire. On va s'en sortir.

Au chalet, je retrouve Roman. On a le sentiment que le mauvais film dans lequel on se trouve va bientôt se terminer, tout en redoutant un énième rebondissement. On n'est jamais à l'abri. Finalement, comme les dernières minutes au cinéma, ces jours comptent double. Nous sommes en attente d'une décision qui tarde à venir.

Mon téléphone ne me quitte pas, j'espère les messages autant que je les crains. Je continue à appeler Hervé Temime tous les jours. La télé reste constamment allumée sans le son, je guette les bandeaux d'info en continu au bas de l'écran. Marina attendait du mouvement pour « bientôt ». Mais il ne se passe rien dans ce chalet. « Bientôt », c'est quand ? Ma source a dit juillet. Mais « juillet » quand, au début ou à la fin ? Cela laisse tout le temps aux Suisses de changer d'avis.

Je ne vois même pas pourquoi nos hôtes helvétiques ne leur livreraient pas Polanski, puisqu'ils ont cru bon de le garder près de neuf mois. Neuf mois dans quel but ? Pour le punir de leur poser un problème ? Neuf mois, c'est plus que ce qu'il risque devant la justice américaine. On me met sous le nez une tribune de Bernard-Henri Lévy qu'on ne peut accuser de copinage : il n'avait jamais rencontré Roman avant son arrestation. Il écrit dans *Le Point* : « Aucun des quarante-quatre délinquants sexuels convaincus, la même année, dans le même comté de Los Angeles, de délits de même nature, n'a jamais, contrairement à lui, et contrairement à ce que croient, à nouveau, les justiciers du dimanche répétant comme des ânes que sa célébrité l'a "protégé", passé un seul jour derrière les barreaux. » Il a raison. Sa notoriété de cinéaste étranger et sulfureux l'a exposé plus qu'aucun autre.

Par ailleurs, on m'assure que les Suisses ont réclamé en vain la transcription du témoignage du procureur Gunson et que ce refus les fâcherait. Mais en avril, ils prétendaient que ce n'était pas le sujet, dans la mesure où la demande d'extradition était fondée sur des arguments solides. Et pourquoi mettent-ils autant de temps à choisir leur camp ? Rien de tout cela ne tient debout.

Enfin un coin de ciel bleu. Je reçois fin juin un long mail du couturier Tom Ford, avec lequel j'ai travaillé. Il m'avait en particulier choisie pour incarner *Nu*, un parfum Yves Saint Laurent.

Depuis, Tom a quitté le groupe Pinault et créé sa propre marque aux États-Unis. Je lis et relis son mail. Il m'écrit pour m'expliquer qu'il demande à toutes ses muses de venir défiler pour lui en septembre à New York. Je me précipite sur mon BlackBerry pour lui répondre oui.

Dans ce chalet suisse, je n'en peux plus, je deviens claustrophobe. À Paris aussi, les enfants et moi sommes enfermés en pensée avec Roman. Ah ! une semaine à New York loin de cet enfer, j'en rêve déjà ! Cet e-mail me fait un bien fou.

25

Réveil à Paris, ce lundi 12 juillet 2010. C'est l'été, il fait chaud, pas très pressée d'émerger de ma somnolence. Je tends le bras vers mon portable. Un message en numéro masqué, reçu à 8 heures du matin. J'hésite à écouter. Je n'ai pas envie de commencer la journée par un appel de journaliste ou encore un nouveau problème.

À moins que. J'approche l'appareil de mon oreille. C'est le président de la République : « Emmanuelle, rappelez-moi, j'ai une belle nouvelle pour vous. » Le ton est joyeux.

Je fonds en larmes. J'essaie de me calmer avant de composer le numéro de sa secrétaire, qu'il m'a laissé. La voix de Nicolas Sarkozy résonne. Le président a toujours essayé de nous aider :

« Les Suisses vont libérer votre mari. Ce sera annoncé à 12 heures. Surtout n'en parlez à personne avant, il ne faut pas que ça fuite dans la presse.

— Merci, je suis tellement heureuse ! »

Je téléphone immédiatement à Roman. Fou de joie, pour une fois volubile, il déverse des mots que j'entends à peine, tant je suis émue.

« Je vais pouvoir venir à ton concert ! » s'exclame-t-il.

Comme si c'était important ! Je dois chanter à Montreux le 18 juillet, dans le cadre du festival. Je pensais rester à Paris pour fêter l'anniversaire de mon père, le 14 juillet, mais la bonne nouvelle balaie tout.

« Je viens tout de suite, on va fêter ça avec les enfants !

— Je t'attends pour couper mon bracelet. On fait ça tous ensemble ! »

À leur tour, les ambassadeurs de Pologne et de France téléphonent à Roman. Tout le monde se bat pour lui annoncer sa libération ! Ça va se savoir. Notre entourage a peur de l'hystérie potentielle des médias. Andrew Braunsberg, ami fidèle, qui n'habite pas très loin, fonce au chalet. À 10 heures, le bracelet est désactivé. Roman se retrouve soudain libre de ses mouvements. Andrew le prie de venir se mettre à l'abri des médias chez lui, dans son appartement. Roman se glisse à l'arrière de sa voiture, caché sous la couverture en fourrure de coyote qui, d'ordinaire, recouvre notre lit.

À 12 heures, la ministre de la Justice helvétique annonce que la Suisse refuse de céder à la demande d'extradition des États-Unis : « Les mesures de restriction de sa liberté sont levées. » Une décision sans appel possible, précise-t-elle. Il est clair que le refus du département de la justice américain de transmettre aux autorités suisses le procès-verbal de l'audition du procureur Gunson, sous prétexte qu'il s'agirait d'un document confidentiel, a scandalisé les autorités suisses. « On ne saurait exclure avec toute la certitude voulue que Roman Polanski ait déjà exécuté la peine prononcée autrefois à son encontre et que la demande d'extradition souffre d'un vice grave », fait savoir l'Office fédéral de la justice. Épinglé aussi, l'intérêt à géométrie variable des Californiens pour l'affaire Polanski : « Plusieurs années se sont écoulées sans que les autorités américaines adressent à la Suisse de demande formelle d'extradition et les autorités suisses n'ont procédé à aucun contrôle à l'endroit du cinéaste à la suite de son inscription dans le registre suisse des signalements de personnes. » Soulagement, l'absurdité de toute cette histoire est enfin relevée officiellement !

Les enfants sont si heureux ! Au chalet, Malgosia, l'assistante de Roman, se retrouve seule pour affronter les journalistes insatiables. Pendant trois jours, la pauvre ouvre la porte, explique que Polanski n'est pas là, et répond au téléphone, mais le 15 juillet, nous sommes tous de retour à Milky Way, réunis autour de Roman, pour le libérer de son bracelet de plastique noir. La petite cérémonie a lieu en présence d'Ewan McGregor, le premier rôle de *The Ghost Writer*, d'Hervé de Luze, de Malgosia, des enfants et moi. C'est un moment joyeux. Mais je ne peux m'empêcher d'éprouver une certaine rancœur. On n'aurait jamais dû nous donner l'occasion d'être malheureux.

Cet enfermement aura duré dix mois ! Dix mois pour rien. Dix mois pour étancher la soif de notoriété d'ego américains en quête d'électeurs ! Dix mois suffisants pour briser le moral d'une famille, abîmer l'insouciance de nos enfants.

151

Georges Kiejman salue mon « grand courage ». Avais-je le choix ? Le 13 juillet, Samantha Geimer répond radieuse aux demandes d'interview : « Je suis satisfaite de cette décision et j'espère maintenant que le procureur de Los Angeles va enfin classer l'affaire et en finir une fois pour toutes. »

Le 17 juillet, Roman réaffirme devant les caméras de télévision son amitié pour la Suisse. Patrick, mon manager, vient dormir à la maison et dès le lendemain, nous nous rendons ensemble au Montreux Jazz Festival, pour mon concert. J'ai un souvenir formidable de ma première prestation à Montreux, il y a deux ans, avec le groupe Ultra Orange. On avait joué au Montreux Jazz Café, un lieu très agréable. Le public était chaleureux, on s'était amusé. Après le concert, on avait dû rapidement céder la loge à Prince, qui avait décidé d'y faire un bœuf. Évidemment, on l'avait écouté chanter. Que des bons souvenirs.

Cette fois, Roman est là, dans la voiture. Et, contrairement à mes habitudes, j'ai le trac. Je suis enchantée qu'il vienne, c'est sa première vraie sortie publique. Il n'était pas imaginable que mon fan de la première heure soit absent, lui qui adore ma musique et a toujours soutenu ma démarche de chanteuse et mon goût pour la scène. Mais j'appréhende. Peur qu'on ne parle que de « ça », l'affaire Polanski.

À notre arrivée au bord du lac Léman, le directeur du Festival, Claude Nobs, nous emmène déjeuner chez lui, un très beau chalet. Dans le salon s'étale un immense train électrique. C'est sa passion, il en possède une formidable collection. L'endroit est magique. Quelques musiciens ont été invités, mais surtout Quincy Jones. Roman le connaît depuis longtemps, bien avant que le jazzman, producteur de génie, ait eu une fille avec notre amie Nastassja Kinski. À 15 heures, je pars faire ma balance – l'équilibrage du son, des instruments, de la voix.

Je découvre alors que mon concert de ce soir aura lieu dans la grande salle, ça m'impressionne. Le spectacle a été largement annoncé. Je soupçonne le directeur du festival de m'avoir adjugé cette salle en prévision de la presse et de la foule attirée par la libération de Roman, ça ne me va pas du tout. Cet album est assez intimiste, pas fait pour ce genre de scène, mais plutôt pour une ambiance club. Une fois la balance au point, je m'installe avec les musiciens dans ma loge où j'angoisse en attendant l'heure du concert. Comment vais-je occuper cette scène immense ?

Je prends le micro. Finalement, ça ne se passe pas si mal. J'intercale dans mon programme quelques morceaux bien rock de mon album précédent. Ce n'est pas le meilleur concert de ma vie, trop de pression, mais tout s'enchaîne sans heurt, ça glisse, j'ai du plaisir. Les enfants sont là, Malgosia aussi, Hervé de Luze, Patrick Péan, Andy Braunsberg et sa femme, Gabriele.

Roman n'est pas noyé dans la foule debout. Il est assis dans les gradins à côté de Claude Nobs. Bien sûr, je lui dédie intérieurement ce concert, mais je sais qu'il est dans la tête de chacun des spectateurs et ne peux m'empêcher de penser qu'il y a un malentendu. Je ne suis pas la femme de Roman Polanski ce soir, je suis Emmanuelle Seigner !

Il y a de l'électricité autour de ce concert, une frénésie qui n'est pas normale. Plus tard, lorsque le directeur du festival insiste pour que je fasse une photo avec Roman, je veux refuser, mais c'est impossible. Pour la première fois depuis dix mois, nous posons ensemble, ça me réjouit. Non, ça *devrait* me réjouir. Mais la photo est ridicule, une photo de couple princier complètement ringarde, ça me rend folle. Le lendemain, j'essaie de la faire supprimer, de l'empêcher de circuler. C'est trop tard, elle a fait le tour du monde. Dans les articles qu'elle illustre, les journalistes parlent très peu du concert, et beaucoup de Roman. L'histoire de ma vie.

Mais je n'ai pas dit mon dernier mot.

Depuis

Au moment où j'écris ces lignes, en juin 2021, douze ans après l'arrestation de Roman, la prison d'aujourd'hui est pire que celle de Winterthur.

C'est une prison immatérielle, tissée de ces filets de rumeurs poisseuses et incontrôlées dans lesquels se trouvent piégés les gens les plus divers. Certains, sans doute, méritent qu'on cesse de faire silence sur leurs comportements. À condition d'avoir des preuves, une enquête judiciaire, et de ne pas se contenter de calomnies invérifiables balancées sur les réseaux sociaux. Roman vit avec moi depuis 1985 une existence parfaitement sage et rangée. C'est un homme qui ne ment pas. Jamais je ne l'ai surpris à arranger la vérité. Il est bien trop lucide pour tricher. Trop orgueilleux aussi. Il assume ce qu'il a à assumer.

L'assassinat d'une femme qu'il aimait l'a condamné à une forme de célibat quelque temps. Je pense que pendant ces années-là, l'idée de refaire sa vie ne l'a pas effleuré, c'eût été trahir Sharon. Il avait trop peur désormais de s'attacher. Jusqu'à ce qu'il me rencontre et tombe amoureux, quinze ou seize ans plus tard.

Voir décrire mon mari comme un séducteur ne me surprend donc pas. Il l'a été pendant cette période de son existence. Je l'ai connu, aimé, choisi comme ça. Mais il a changé, nous nous sommes mariés, nous avons eu nos enfants. Il ne m'a rien caché de son passé ni de sa vie quand j'ai fait sa connaissance. Je voyais toutes ces filles jeunes lui courir après, parce qu'il avait un charme fantastique et le pouvoir de leur donner un rôle. Il n'avait pas besoin de forcer qui que ce soit pour faire l'amour. Et puis ce n'est pas son genre. J'imagine qu'il a pu se montrer insistant, coureur, évidemment.

En juillet 2010, à l'issue du suspense helvétique, je suis loin d'imaginer que l'histoire avec Samantha pourrait encore engendrer des soupçons à perpétuité. Pour moi, la page est tournée. Nous respirons. L'attitude de Samantha Geimer elle-même m'encourage à passer à autre chose. Le 7 octobre 2010, trois mois après la libération de Roman, elle est reçue par Larry King sur CNN. Pleine d'empathie pour Polanski, elle se déclare soulagée de le voir sorti d'affaire, après une arrestation suisse qu'elle a vécue comme un « choc ». Elle répète que la procédure doit être close, que Roman a payé son amende, qu'elle lui souhaite le meilleur. « Les médias et le système judiciaire m'ont causé bien plus de tort que Polanski », insiste-t-elle. En 2003, quand Larry King lui avait demandé pourquoi, à l'approche de ses quatorze ans, elle s'est laissé photographier à demi nue par Polanski, elle avait admis : « Je pensais que c'était une chance. Je voulais être une "star de cinéma". » Je passais des auditions, et

156

j'avais posé pour des pubs. Là, ça m'a paru un super coup de pouce. »

Cette femme digne a le mérite de la cohérence. Trois ans plus tard, en 2013, alors que nous avons retrouvé en famille notre humour, notre énergie et notre bonheur de vivre, Samantha Geimer publie un livre : *La Fille. Ma vie dans l'ombre de Roman Polanski.* Sa vérité à elle.

Dans son autobiographie, Samantha Geimer revient sur la traque médiatique dont elle a fait l'objet et les pressions qu'elle a subies pour paraître une « bonne » victime : « Ma mésaventure avec Polanski ne m'a pas traumatisée, ni mentalement ni physiquement. »

Depuis l'arrestation de Zurich, et aujourd'hui encore, Samantha envoie régulièrement des mails chaleureux à Roman. Par exemple cet e-mail, en octobre 2013 : « Bien que beaucoup de gens refusent de l'entendre, j'espère que votre famille comprend que vous n'avez jamais voulu me faire du mal et que ma propre conduite a pu vous induire en erreur. Je n'ai jamais cru que vous m'ayez perçue comme non consentante, peut-être séduite. Je sais que c'est inconfortable pour nous tous. Je voudrais m'excuser encore, mais maintenant j'ai fait ce que j'ai fait, ça ne sert plus à rien[1]. »

---

1. « While many people refuse to hear this, I hope that your family understands that you never meant to harm me and my own behavior was misleading. I have never believed you saw me as unwilling, perhaps persuaded. I know that this is uncomfortable for all of us. I would apologize again, but now I've done what I've done, so there seems no point. »

Dans ses messages à Roman, Samantha Geimer n'a pas de mots assez durs pour le système médiatico-judiciaire californien : « J'essaie de corriger les exagérations outrageuses qui passent pour des faits depuis des années au sujet de ce qui s'est réellement passé. […] Vous et moi, et beaucoup d'autres, sommes utilisés comme des objets pour le profit, l'avancement ou le divertissement de certains. » Et elle dénonce : « Je reste incapable de relativiser les actions du juge Rittenband, de David Wells et de Stephen Cooley. J'ai l'intention de rétablir la vérité, si ce n'est pour vous ou moi, au moins pour l'intégrité de notre système judiciaire et pour ceux qui en sont victimes encore aujourd'hui. » Oui, au fil des années 2010, je crois l'épisode judiciaire suisse relégué dans le tiroir des mauvais souvenirs, à refermer définitivement. À mes yeux, c'est terminé. Je ne suis pas sûre que ce puisse l'être un jour pour Roman. Cette brève rencontre avec Samantha reste fichée comme un tournant malheureux, un événement qui l'empêche d'aller et venir à sa guise à travers le monde. Les efforts de ses avocats comme de ceux de Samantha pour refermer le dossier sont restés vains. Encore en 2021, il continue à figurer dans les fichiers d'Interpol. Ce qui signifie que Roman reste recherché. Comment se risquer, après ce qui est survenu à Zurich en 2009, à mettre un pied ailleurs qu'en France, en Pologne, ou… en Suisse ? Quant à nous, les enfants et moi, si nous voulons partir pour l'étranger, c'est sans lui. Compliqué, pour la vie de famille !

Pourtant, la vie a repris dès 2010. À l'automne, Roman tourne *Carnage*, le film dont il a écrit le scénario sous bracelet électronique, avec Yasmina Reza. Surtout, le 25 février 2011, l'académie des César récompense *The Ghost Writer* en attribuant le trophée de la meilleure adaptation à Roman Polanski et à Robert Harris, l'auteur du livre dont est tiré le scénario. Roman remonte sur scène pour recevoir le César du meilleur réalisateur, acclamé longuement lors de la cérémonie. « Je n'ai pas l'habitude de faire des discours, dit-il, mais puisque ce film a été terminé en taule, je voudrais remercier tous ceux sans qui ça n'aurait pas pu se passer, tous ceux qui m'ont soutenu, ma femme d'abord, ma fille, mon fils, mes associés… » Ce César, quelle revanche !

Mais ce n'est pas fini. En septembre suivant, *Carnage* est présenté à la Mostra de Venise. Puis, en février 2012, Roman remporte encore, pour la seconde année consécutive, le César de la meilleure adaptation, qu'il partage cette fois avec Yasmina Reza.

C'est à cette époque-là que sort un documentaire réalisé par Laurent Bouzereau, dans lequel Roman s'exprime sur les suites de son arrestation en Suisse. Je me serais passée d'aller ressasser cette affaire qui me bouleversait. C'était trop tôt pour moi. Mais j'imagine que c'était important et courageux de la part de Roman de s'employer à expliquer des faits qui, souvent, avaient été déformés.

En mai 2013, son nouveau long métrage, *La Vénus à la fourrure*, est en sélection officielle au Festival de Cannes. L'insouciance est de retour, je porte une robe rouge très belle et très décolletée. Le film est formidable, hautement féministe. J'y incarne aux côtés de Mathieu Amalric une femme puissante, personnage passionnant et complexe. C'est l'histoire d'une actrice qui vient passer une audition et qui peu à peu va prendre le pouvoir sur le metteur en scène et le contrôle de la pièce de théâtre qu'il prépare.

La Vénus à la fourrure cumule huit nominations aux César. J'en fais partie, pour celui de la meilleure actrice. Le 28 février 2014, Roman reçoit le trophée du meilleur réalisateur. Encore une fois, la salle applaudit. Je me souviens qu'au cours du déjeuner réunissant les nominés avant la cérémonie Adèle Haenel était venue me féliciter. Un emballement chaleureux à l'égard du film et de ma performance dont elle avait fait part au magazine *Paris Match* deux mois auparavant.

En ce début d'année, je prête à peine attention aux révélations du *New York Times* qui, pourtant, démontre à nouveau, mails de magistrats américains à l'appui, à quel point le juge Rittenband s'est conduit de façon inéquitable à l'égard de Roman. De mon côté, la vie me sourit plutôt dans ces années post-cauchemar suisse. Je joue dans les films de François Ozon, Jean-Pierre Améris, Stéphane Brizé. Je suis sur scène à Paris quatre mois d'affilée au théâtre de l'Odéon et quatre autres mois en tournée dans *Le Retour*, la pièce de Pinter, mise en scène par Luc Bondy, avec Bruno Ganz dans le rôle principal. Parallèlement, alors que je suis au théâtre le soir, je tourne dans la journée *La Vénus à la fourrure*, bref, c'est une période créative et passionnante.

Ensuite, je joue le rôle de la mère dans *Réparer les vivants*, l'adaptation par Katell Quilléveré du best-seller de Maylis de Kérangal. Une belle cause, le don d'organes. Puis, je partage avec Eva Green l'affiche d'un nouveau film de Polanski, *D'après une histoire vraie*, tiré du roman de Delphine de Vigan. Un tournage pas simple. Pour la première fois, je sens Roman tâtonner, manquer d'assurance. Mauvais présage, mais à ce moment-là, je n'y prête pas attention. Enfin, je reprends le rôle de Gillian Anderson dans l'adaptation de la série anglaise *The Fall*, diffusée alors sur TF1 sous le titre *Insoupçonnable*. Je joue un petit rôle dans une production Netflix, avec Jamie Dornan, et dans le *Van Gogh* de Julian Schnabel avec Willem Dafoe.

Je poursuis en même temps ma vie de chanteuse. Après avoir travaillé avec le duo Ultra Orange en 2007 et Keren Ann en 2010, je sors en 2014 un nouvel album avec l'Américain Adam Schlesinger. Plus tard, une petite tournée s'organise en 2018 avec Dani. Nous chantons au Printemps de Bourges, puis sur une vingtaine de scènes. C'est sympa, j'adore la voix de Dani, on s'entend bien. Mais surtout je suis à l'origine de la création du groupe L'Épée, avec le duo français The Liminañas et l'Américain Anton Newcombe, figures cultes du rock psychédélique, et nous sortons ensemble l'album *Diabolique*. On débute une tournée internationale, hélas interrompue au tiers par le Covid. Enfin, le couturier Marc Jacobs à New York me choisit pour incarner avec ma fille, Morgane, sa campagne printemps-été 2016. Et deux ans plus tard, je pose à Venise pour la marque Golden Goose.

Donc, tout se passe à peu près bien pour moi entre 2011 et 2018. Rien de ce qui est survenu pendant ces dix mois suisses ne sera jamais effacé, mais ça va. Nous retrouvons notre équilibre familial, ébranlé par ces dix mois d'enfer. Nous reprenons le fil de nos existences professionnelles, chacun de son côté, parfois ensemble. Je voyage beaucoup pour *La Vénus à la fourrure*. À Hollywood, devant le Grauman's Egyptian Theater, où je dois recevoir un prix en robe du soir, une femme m'aborde et me met sous les yeux la photo d'une tombe. Je lis l'inscription sur la pierre tombale, ça me glace le sang, j'ai envie de me sauver : il s'agit de la sépulture de Sharon Tate et du bébé, le fils de Roman qu'elle portait lorsqu'elle a été assassinée. « Dites à monsieur Polanski que je leur mets des fleurs régulièrement ! » lance-t-elle. Dans cette ville de Los Angeles, tout me rappelle l'horreur de Cielo Drive et la pénible histoire de Samantha, une angoisse sourde me saisit. J'arrive à l'hôtel où l'on m'annonce aimablement qu'on m'a changée de chambre, semble-t-il pour m'honorer : « Ah ! on vous a mise dans le bungalow de Marilyn ! » C'est gentil. Marilyn me fascine, mais quel destin ! Encore une fin tragique ? « Non merci ! Je vais rester dans ma chambre. »

Le feu repart. Comme si l'histoire avec Samantha était une petite graine qui avait germé sauvagement à l'insu de tous. En août 2014, Roman est l'invité d'honneur du Festival de Locarno, où il doit présenter *La Vénus à la fourrure* et donner une leçon de cinéma. Mais les réseaux sociaux s'enflamment, il se résigne : « Après avoir constaté que ma présence aurait pu provoquer des tensions et des controverses de la part de personnes qui s'y opposent, mais dont je respecte les opinions, écrit-il dans un communiqué, je regrette de vous annoncer que je renonce à contrecœur à y participer. »

Le 24 octobre 2014, lorsque Roman se rend en Pologne pour assister à l'inauguration du musée d'histoire des Juifs, les autorités américaines tentent de nouveau de le faire arrêter. Soulagement, le tribunal de Cracovie refuse l'extradition jugée « mal fondée » en des termes extrêmement sévères à l'égard de la justice californienne. Le juge Dariusz Mazur rend une remarquable décision : cette extradition « impliquerait un emprisonnement illégal pour une période de plusieurs mois peut-être, comprenant au moins quelques semaines passées probablement dans des conditions inadmissibles pour un homme de son âge. Et ce dans le cadre d'une procédure américaine dépourvue désormais de toute nature punitive car ne visant qu'à résoudre des questions de procédure datant d'il y a près de quarante ans, résultant de violations flagrantes des règles de procédure et de procès équitable, dans le comportement du juge, mais aussi d'un procureur ». Décision confirmée par la Cour suprême polonaise en décembre 2016. Roman vient de voir rééditée sa formidable autobiographie, à laquelle il a ajouté un épilogue revenant sur son arrestation suisse.

Entretemps, les avocats de Roman relancent la procédure, accusant le juge Rittenband de « grave faute professionnelle », après les révélations du *New York Times* sur des échanges d'e-mails entre magistrats montrant à quel point leur confrère s'était conduit de façon inéquitable dans cette affaire. Mais le tribunal de Los Angeles s'entête : l'accusé « doit se rendre », assène le procureur. Polanski est une proie, ils ne veulent pas la lâcher. Il va bientôt devenir une cible pour la meute des suiveurs, aveuglés par le parfum de scandale, excités par des jugements expéditifs, peu soucieux du fond du dossier.

Le 18 janvier 2017, l'Académie des César annonce que Roman va présider la quarante-deuxième cérémonie, qui doit se tenir le 24 février. Ce n'est pas du tout son désir. Mais le comité a insisté pour qu'il accepte et finalement il s'est laissé convaincre. À tort, car des protestations fusent. Laurence Rossignol, ministre des Droits des femmes, juge elle-même ce choix « surprenant et choquant ». Une « insulte » aux victimes de viol, renchérissent les néo-féministes. Comment peuvent-elles démolir professionnellement cet homme pour une faute reconnue et payée quatre décennies plus tôt ? Comment peut-on le réduire à ça quand on ne veut rien entendre du dossier ? Personne ne bronche au gouvernement. Les temps ont changé depuis 2010. Devenus puissants, les réseaux sociaux invitent à la censure. Quelques voix politiques, dont la ministre de la Culture Aurélie Filippetti, se risquent à soutenir mon mari, mais ça ne suffit pas. Roman renonce à la présidence de la cérémonie à la demande d'Alain Terzian, président, lui, de l'Académie des César, qui l'avait littéralement supplié d'assumer cette fonction, au nom de l'admiration qu'il lui portait. J'ai encore sa lettre en mémoire : « Vous êtes une légende, un cinéaste à la carrière hallucinante, et à la renommée internationale, [...] au panthéon des plus grands réalisateurs de la planète. »

Ce n'est que le début d'une traque à travers le monde qui va se révéler dévastatrice. Aux États-Unis, de plus en plus de femmes protestent sur Internet contre le harcèlement et les viols qu'elles ont subis. Au début d'octobre 2017, à travers deux articles de presse retentissants, les accusations commencent à pleuvoir sur Harvey Weinstein, le producteur de cinéma le plus célèbre de Hollywood, et font boule de neige sur les réseaux sociaux. Le mouvement #MeToo part en guerre, doublé en France par #Balancetonporc. N'importe qui dit n'importe quoi, mélange glaçant de vrai et de faux.

Nous sommes écœurés de voir parfois le nom de Polanski associé à celui de Weinstein, qui n'hésitait pas à échanger promesses de rôles contre faveurs sexuelles et à monnayer le silence des récalcitrantes. Nous sommes d'autant plus écœurés qu'en 2003 ce producteur avait lancé une campagne contre Roman au moment où *Le Pianiste*, qui rivalisait avec le film *Gangs of New York*, produit par lui, avait remporté deux récompenses aux Bafta, les César britanniques. De crainte que l'histoire se renouvelle aux Oscars, où il avait deux films nommés, Weinstein était allé déterrer l'affaire Samantha, alors oubliée de tous. Son attachée de presse, Cynthia Swartz, avait été la première à traiter Polanski de « violeur d'enfant ». Bref, une opération abjecte, qui − comme je l'ai écrit plus

165

haut – n'a pas empêché Roman de décrocher l'Oscar du meilleur réalisateur.

Roman est lui-même visé par des femmes qui l'auraient connu il y a presque un demi-siècle. En août 2017, lors d'une conférence de presse organisée à Los Angeles, prise en main comme Charlotte Lewis par l'avocate Gloria Allred, une femme identifiée comme « Robin » l'accuse de l'avoir agressée sexuellement en 1973, lorsqu'elle avait seize ans. Là encore, il s'agit explicitement d'apporter de l'eau au moulin du procureur dans l'affaire Geimer : Robin précise qu'elle a décidé de parler le 9 juin quand elle a appris que Samantha réclamait la clôture du dossier. « J'ai vu récemment aux actualités Samantha Geimer défendant visiblement M. Polanski et affirmant qu'il avait "fait tout ce qu'il était nécessaire de faire", déclare-t-elle aux médias. Cela m'a rendue furieuse. Je m'exprime pour que Samantha et le monde sachent qu'elle n'est pas la seule mineure victime de Roman Polanski. » Roman tombe des nues. Il ne sait pas qui l'accuse. Il ne connaît pas cette femme. Comme Robin ne porte pas plainte, il n'aura pas l'occasion de se défendre.

À la suite des accusations de Robin, seulement quinze jours après, c'est une ex-playmate, Renate Langer, qui se lance dans la chasse à l'homme, quarante-cinq ans après. Elle raconte que, vendeuse à Munich dans une boutique de prêt-à-porter, elle était passée début 1972 par le moniteur de ski de Roman pour le rencontrer et passer un casting. Un soir, après avoir dîné, ils seraient rentrés au chalet et il l'aurait violée. Elle raconte une histoire délirante : elle serait allée chercher un couteau pour qu'il ne recommence pas, et se serait gentiment couchée dans une autre chambre. Évidemment, elle l'a quand même revu à Rome pour figurer dans son film *What* et il l'aurait encore violée !

En octobre, au moment où le mouvement #MeToo se déchaîne, une artiste américaine, Marianne Barnard, accuse Roman de l'avoir agressée sexuellement en 1975 quand elle avait… 10 ans ! « Ma mère m'a vendue à Polanski », prétend-elle, précisant qu'il s'agissait pour cette femme, alors étudiante, de financer son doctorat. Sa mère aurait assisté à la séance photo et l'aurait laissée seule avec Roman. Des accusations si crédibles que personne ne semble avoir cherché d'ennuis à cette mère, Diana Hiatt-Michael, professeure à l'université de Pepperdine et auteure de plusieurs ouvrages sur l'éducation et la psychologie. Un détective privé retrouve le frère de Marianne Barnard. Selon ce dernier, sa sœur, qui aurait fait plus d'un séjour en hôpital psychiatrique, aurait aussi accusé son propre père de viol, et n'avait jamais de sa vie évoqué Polanski avant l'explosion de l'affaire Weinstein.

Un tabloïd britannique publie un article assurant que cinq femmes anonymes accusent Polanski d'abus sexuels prétendument commis entre 1969 et 1970. Tabloïd alimenté par un étrange site qui lève des fonds pour inciter à la délation. On dépasse ici toutes les limites. Ce site a été créé par un certain Matan Uziel, ancien agent de mannequins qui se dit cinéaste, producteur et journaliste. Il promet une récompense de 20 000 dollars pour un « tuyau » suffisamment solide pour incriminer Polanski sur Twitter, en précisant qu'il n'a pas les moyens de payer cette somme. Décidément, Roman attire les fous.

Cet automne 2017 me sidère. Qu'elles visent ou non Roman, les accusations tous azimuts dans un climat de délation jubilatoire me paraissent souvent répugnantes. Bien sûr, il faut dénoncer les prédateurs sexuels. Bien sûr, certaines femmes ont eu du mal à parler plus tôt, par crainte ou par honte. Mais tout de même ! On ne peut bafouer la présomption d'innocence à ce point sous prétexte que les faits sont prescrits. On ne peut pas encourager des femmes à dire n'importe quoi sous couvert d'anonymat.

Le 30 octobre 2017, Roman présente en avant-première son nouveau film, *D'après une histoire vraie*, dans lequel, comme je l'ai dit, je joue avec Eva Green. Acheté à Cannes par Sony Pictures Classics, un grand distributeur américain, ce film ne sortira jamais aux États-Unis. L'avant-première française a lieu à la Cinémathèque, qui ouvre ce soir-là et pour un mois, une rétrospective Polanski, malgré les récriminations de collectifs de défense des droits des femmes. Frédéric Bonnaud, le directeur de l'institution, n'a pas cédé. Son président, Costa-Gavras, s'insurge dans un communiqué contre ces demandes de « censure pure et simple ». Il ajoute : « Nous ne décernons ni récompenses ni certificats de bonne conduite. Notre ambition est autre : montrer la totalité des œuvres des cinéastes et les replacer ainsi dans le flux d'une histoire permanente du cinéma. »

La soirée s'annonce atroce. Quelques dizaines de néo-féministes nous accueillent avec des pancartes haineuses et scandent : « Ce que nous voulons ? L'extradition ! » Dans le hall, deux ou trois Femens aux seins nus, bariolées de slogans insultants, se jettent sur Roman. À l'intérieur, la salle est chaleureuse.

Le 3 mai 2018, l'Académie des Oscars annonce que, « conformément aux codes de conduite » adoptés par l'organisation dans le sillage de l'affaire Weinstein, elle exclut sans préavis de ses rangs le réalisateur Polanski, membre depuis 1969. Un choc pour Roman, qui attache beaucoup d'importance aux institutions. Il proteste en vain qu'on ne lui a pas donné « une chance raisonnable de se faire entendre ». En clair, l'Académie n'a pas respecté ses propres règles.

Quand, quelques semaines plus tard, cette même Académie des Oscars a le culot de m'inviter à en faire partie, j'explose. Ces gens-là pensent-ils que je vais me désolidariser de mon mari ? Cette fois, c'est moi qui tiens à prendre la parole. Je leur écris une lettre ouverte titrée « Non merci », que publie *Le Journal du dimanche* le 7 juillet 2018. Samantha Geimer a d'ailleurs envoyé un e-mail à Roman pour me féliciter de ma lettre, qu'elle juge très puissante :

L'académie américaine des arts et des sciences du cinéma me propose de la rejoindre, en compagnie d'autres actrices, au nom d'une féminisation par ailleurs nécessaire. Qui peut croire que je ne me sente pas concernée par l'égalité des femmes et des hommes ? Féministe, je le suis depuis toujours, mais comment puis-je faire semblant d'ignorer que l'Académie, il y a quelques semaines, a mis à la porte mon mari, Roman Polanski, pour satisfaire l'air du temps ? La même Académie l'avait récompensé de l'Oscar du meilleur réalisateur pour Le Pianiste en 2003. Curieuse amnésie !

Cette Académie pense probablement que je suis une actrice suffisamment arriviste, sans caractère, pour oublier qu'elle est mariée depuis vingt-neuf ans avec l'un des plus grands metteurs en scène. Je l'aime, c'est mon époux, le père de mes enfants. On le rejette comme un paria et d'invisibles académiciens pensent que je pourrais « monter les marches de la gloire » dans son dos ? Insupportable hypocrisie ! Cette proposition injurieuse est la goutte d'eau qui a fait déborder le vase de ma relative discrétion. Vous m'offensez alors que vous prétendez vouloir protéger les femmes.

Et qu'on ne me demande plus de me taire à propos de l'affaire qui a bouleversé la vie de ma famille depuis le 26 septembre 2009, le jour de son arrestation en Suisse ! Avec Roman, nous avons une fille et un garçon. Il a toujours été un père de famille et un mari exceptionnels. On le décrit depuis son emprisonnement en Suisse comme le pervers qu'il n'a jamais été. Je suis la seule à pouvoir témoigner à quel point il regrette ce qui s'est passé il y a quarante ans.

Et pourtant je suis démunie lorsque la presse publie à son sujet des infamies, des témoignages mensongers, parle de violées anonymes qui ne portent jamais plainte. Un site Internet annonçait même, il y a deux semaines, sa mort imminente !

Samantha Geimer, sa seule et unique victime, demande depuis des années le classement de l'affaire, mais les juges et les médias refusent obstinément de l'entendre. Elle a accueilli avec indignation l'exclusion de Roman de l'Académie des Oscars. Quand vous devenez un symbole, on vous refuse le pardon.

J'ai l'impression que, dès les nazis de son enfance jusqu'à ces dernières années, on condamne Roman à fuir perpétuellement sans la moindre volonté d'une partie des médias de regarder le dossier de sa vie avec les yeux clairs. Au contraire, on l'enfonce.

Roman a donné naissance à des personnages féminins inoubliables interprétés par Sharon Tate, Catherine Deneuve, Mia Farrow, Faye Dunaway, Nastassja Kinski, Sigourney Weaver. Il n'est en rien cette caricature machiste, symptôme du mal qui ravagerait le cinéma.

Et l'Académie des Oscars voudrait que je me désolidarise de cet homme, mon époux !

Les artistes n'échappent pas à la justice ordinaire, bien sûr. À condition qu'elle ne devienne pas une justice d'exception, qu'elle ne viole pas sa parole et ses propres principes. Ce qui a été le cas à Los Angeles en 1977, après un premier séjour en prison qui devait être sa peine. Aujourd'hui, Roman a purgé plus que le maximum de la peine encourue pour la faute commise.

Je comprends qu'il ait un sérieux doute sur la justice des hommes. Ce n'est pas un hasard si son film préféré est Huit Heures de sursis, de Carol Reed.

Parfois, je croise son regard blessé. Parfois, il me stupéfie par sa douce fureur de vivre. Il n'y a que la vérité et ces mots que je viens d'écrire qui puissent apaiser ma douleur.

Quant aux membres de l'Académie des Oscars, je n'ai qu'une chose à leur dire : vous n'aurez pas la femme que je suis.

Blessé et plus déterminé que jamais, Roman finalise un projet de film sur l'affaire Dreyfus, qu'il tourne en 2018, avec Jean Dujardin, Louis Garrel, Gregory Gadebois et une pléiade de grands acteurs de la Comédie-Française. Je fais partie du casting. Je comprends pourquoi il a choisi ce drame historique, c'est un sujet splendide. Quand le producteur a proposé de l'intituler *J'accuse*, j'ai dit à Roman que c'était une erreur. Je trouvais ça provocant, dans sa situation. Je me doutais que ce titre emprunté à Émile Zola susciterait l'animosité. Mais il manque parfois de discernement.

Le film est d'abord présenté à la Mostra de Venise le 30 août 2019. J'y suis invitée, en tant qu'actrice. Au moment où j'arrive en Italie, Roman m'appelle pour me prévenir que la présidente du jury, l'Argentine Lucrecia Martel, vient de déclarer qu'elle ne souhaitait pas se mettre debout et applaudir un film de Polanski et que le producteur Alain Goldman veut retirer le film de la compétition.

Mais elle se reprend, dément, corrige ses propos. Roman remporte le Lion d'argent. Comme il n'est pas là, faute de pouvoir voyager sans risque, je monte à la tribune recevoir la récompense à sa place. Je serre la main de Lucrecia Martel, alors que j'ai envie de la gifler. Bon, elle a quand même fait preuve d'impartialité en remettant à Polanski le prix décerné par le jury, une belle récompense.

Catherine Deneuve, toujours juste et généreuse, s'est indignée des protestations contre la sélection du film, en jugeant d'une « violence inouïe » les accusations « excessives » lancées contre Roman. Le directeur de la Mostra, Alberto Barbera, lui aussi, est resté droit dans ses bottes. De Polanski, il dit qu'il est l'un des « derniers maîtres du cinéma européen ». Comme beaucoup d'admirateurs de Roman et de commentateurs sans préjugés, Barbera s'entête à expliquer qu'il faut séparer l'homme de l'artiste. Ce n'est pas difficile de le défendre comme artiste. C'est l'homme qu'il faut défendre !

La chasse bat son plein. Des milliers de femmes à travers le monde accusent des milliers d'hommes d'avoir abusé d'elles. Le 8 novembre 2018, soit une semaine avant la sortie du film en France — et ce n'est évidemment pas un hasard —, l'ex-mannequin Valentine Monnier sort du bois, à soixante-trois ans. Comme les autres, elle s'abstient de porter plainte. Mais, dans *Le Parisien*, elle accuse Polanski de l'avoir violée brutalement à Gstaad en 1975, quand elle avait dix-huit ans. Des coups ? Roman en est incapable. Présente au chalet à l'époque, Elizabeth Brach se souvient qu'au petit déjeuner, malgré cette prétendue terrible nuit, Valentine papotait insouciante, les pieds sur la table. Un peu plus tard, elle s'est plainte auprès d'un proche de ne pas avoir été retenue par Polanski pour jouer dans son film *Tess*. Pourquoi se réveille-t-elle si tard, au bout de quarante-quatre ans, alors qu'elle avait quelques mois après croisé Polanski à Los Angeles et, selon l'une de ses amies, bavardé avec lui très amicalement ? Quelques mois avant la sortie de *J'accuse*, une attachée de presse m'a raconté que Valentine Monnier lui avait demandé de s'occuper de la promotion de l'exposition de photos qu'elle préparait sous le titre… « J'accuse » ! À la fin de la conversation, elle a glissé qu'elle avait été violée par Polanski et qu'elle lui conseillait fortement de s'en servir. L'attachée de presse n'a pas donné suite.

Malgré les appels au boycott suscités par les accusations de Valentine Monnier, et la posture réprobatrice de certaines personnalités politiques, le film est un succès et recueille d'excellentes critiques.

En principe, Roman se contente de contester les actes qu'on lui impute par la voix de ses avocats. Je le supplie de s'exprimer. Les accusations que cette femme profère sont tellen ent graves ! En décembre 2019, secoué par la traque dont il se sent l'objet, il accepte enfin de prendre la parole. Un long entretien dans *Paris Match*, titré : « On essaie de faire de moi un monstre ». Il observe : « J'ai l'impression d'un renversement d'idéologie total entre ma jeunesse et maintenant. J'ai eu la chance de vivre dans une société infiniment libre. On n'aurait pas imaginé voir des groupes de manifestants devant un cinéma ou un musée pour interdire une projection ou une exposition. » Il précise que ce que raconte Valentine Monnier est faux et aberrant. « C'est facile d'accuser lorsqu'on est certain qu'il ne peut y avoir de procédure judiciaire pour me disculper. » S'agit-il d'un « maccarthysme néo-féministe » ? lui demande le journaliste. « Si on peut condamner quelqu'un juste avec un tweet, c'est pire que le maccarthysme, où il y avait au moins une commission d'enquête ! [...] Aujourd'hui, on ruine des réputations, des carrières et des vies en quelques mots. Dans le lot, combien d'innocents ? Il y a certainement des accusations justes, mais on ne cherche plus à distinguer le vrai du faux. C'est effrayant. »

Il est consterné que, depuis des années, on essaie de faire de lui un monstre. « Je me suis habitué à la calomnie, dit-il, ma peau s'est endurcie comme une carapace. Mais pour mes enfants, pour Emmanuelle, c'est épouvantable. C'est pour eux que je parle. [...] Ils souffrent énormément. Ils reçoivent des insultes, des menaces sur les réseaux sociaux. »

Ce n'est pas fini. Le 29 janvier 2020, l'Académie des César annonce les nominations. Roman en reçoit douze pour *J'accuse*, qui a déjà attiré un million et demi de spectateurs en salle. Nous sommes ravis de voir son talent et le travail de l'équipe du film reconnus. Mais la polémique enfle. La secrétaire d'État à l'Égalité des femmes et des hommes, Marlène Schiappa, s'indigne : « Aller applaudir une personne accusée de viols par plusieurs femmes, je trouve cela choquant. » Moi, ça me choque qu'une ministre clame qu'on doit croire les gens sur parole. Eh bien non ! Il faut attendre que la justice tranche.

La quarante-cinquième édition de la grand-messe du cinéma français s'ouvre à la salle Pleyel dans une ambiance pestilentielle, le 28 février 2020. Sur le trottoir, des manifestantes crient qu'il faut gazer

Polanski. Le matin même, le ministre de la Culture, Franck Riester, a déclaré sur France Info qu'un César pour Polanski « serait un symbole mauvais ». Roman a renoncé à être présent, sachant que des militantes féministes avaient prévu de manifester contre ses douze nominations. Certaines avaient même réclamé l'annulation de la cérémonie. Pas question de se livrer au lynchage public dont on le menace. Par communiqué, il dira : « C'est donc avec regret que je prends cette décision, celle de ne pas affronter un tribunal d'opinion autoproclamé prêt à fouler aux pieds les principes de l'État de droit pour que l'irrationnel triomphe de nouveau sans partage. »

Toute l'équipe a donc décidé de déserter. Moi, j'accepte délibérément une invitation à un défilé de mode. Roman se replie chez son producteur avec une partie de l'équipe du film, dont Jean Dujardin. *J'accuse* obtient le César des meilleurs costumes, puis celui de la meilleure adaptation, et enfin un troisième César, celui de la meilleure réalisation, décerné à un Polanski dont on évite de prononcer le nom. Quand je les rejoins, la cérémonie est terminée. Satisfait sans joie de ses récompenses, Roman est choqué par l'ambiance abjecte de la soirée. Ses proches sont scandalisés par le niveau des attaques et la sortie théâtrale d'Adèle Haenel. Tous sont vraiment mal.

Récompensée du César de la meilleure actrice dans un second rôle, Fanny Ardant se réjouit ouvertement de voir mon mari couronné. « J'aime beaucoup Roman Polanski ! », a-t-elle le courage de lancer, décidée à soutenir « cet homme seul contre tous ». Elle reçoit en boomerang des tombereaux d'insultes. Plusieurs comédiens montent au créneau pour la défendre. Isabelle Huppert cite Faulkner sur France 2 : « Le lynchage est une forme de pornographie. »

Les mois passent, le climat reste oppressant. Roselyne Bachelot, la nouvelle ministre de la Culture nommée en juillet, assure sur RMC qu'elle se serait levée comme Adèle Haenel pour protester contre le César de Polanski. Elle dira aussi que la récompense de Polanski est « malvenue ». Quatre mille deux cent quarante-huit votants l'ont pourtant choisi. Un jour, tous ces gens auront honte – du moins je l'espère.

Le 8 mars 2020, journée célébrant les femmes, initiée par l'avocate Delphine Meillet qui était présente aux César, plus d'une centaine d'avocates pénalistes, féministes revendiquées, publient une tribune dans *Le Monde* pour marteler les principes de la présomption d'innocence et de la prescription. Enfin, un rappel à la raison ! « Nous ne sommes donc pas les plus mal placées pour savoir combien le désolant spectacle de la surenchère oratoire et la déraison dont elle témoigne ne peuvent conduire qu'au discrédit de justes causes. » Elles ajoutent qu'aucune accusation « n'est jamais la preuve de rien » : « Présumer de la bonne foi de toute femme se déclarant victime de violences sexuelles reviendrait à sacraliser arbitrairement sa parole, en aucun cas à la libérer. »

Je ne connais pas les motivations des femmes qui accusent Roman en invoquant des faits qui remontent à quarante ou cinquante ans. Je sais juste que j'en connais d'autres qui ont eu des aventures avec lui à cette époque et ne racontent rien de pareil. Elles sont restées amies avec Roman. Or rien ne les y oblige.

Croire sur parole les accusatrices de Roman sans écouter ses dénégations, c'est faire fi des faits, des nuances, de la complexité de la vie et de la présomption d'innocence. En pratiquant l'amalgame, en offrant mon mari au lynchage public, en appelant au boycott de ses œuvres, en stigmatisant ceux qui restent ses amis, bref en le diabolisant, ses détracteurs l'ont remis en prison.

Ces gens ne veulent pas savoir s'il est vraiment coupable de ce qu'on lui reproche aujourd'hui, plus d'un demi-siècle après les faits. Ils préfèrent aller au plus simple, comme l'air du temps les y invite. Bénir les femmes qui se clament victimes, c'est tellement plus simple. D'autant plus simple que nul ne pourra jamais prouver au sens juridique du terme qu'elles affabulent ou déforment le passé, étant donné que la prescription interdit tout passage devant la justice.

Alors voilà, le « il n'y a pas de fumée sans feu » triomphe. Toutes les chasses aux sorcières, du Moyen Âge à nos jours, ont fonctionné sur ce même principe terrifiant. Au nom de cet adage, depuis la nuit des temps à travers la planète, foules aveugles, idéologues sectaires et dictatures sans frein bannissent ou pourchassent tous ceux qui s'écartent de la bien-pensance ou des apparences de la norme.

Partageant la vie de Roman depuis trente-six ans, j'ai du mal, beaucoup de mal, à faire cadrer ce que je sais de lui et ce que certaines disent de lui. Quelques femmes — rien ne prouve qu'elles existent toutes — se sont plaintes d'avoir été « violées » par Polanski entre les

178

années 1970 et le milieu des années 1980, c'est-à-dire entre l'assassinat de Sharon et sa rencontre avec moi.

Je ne milite pas aveuglément pour Roman, il a mené une vie de fêtard à cette époque, une époque où personne n'y trouvait rien à redire, une époque de liberté des mœurs qu'on n'est pas obligé d'applaudir. À sa place, pour supporter le drame de Cielo Drive et ses conséquences, je serais peut-être tombée dans la drogue, l'alcool, ou les antidépresseurs. Cet homme resté profondément lié au petit garçon perdu dans le ghetto, à qui on a enlevé sa mère, puis son père, s'est étourdi dans les amours sans lendemain. Il avait grandi tout seul puis il a oublié de vieillir. C'est sa grâce absolue, mais c'est aussi sa faille, qui s'est révélée dans cette période de désespoir après la mort de Sharon.

Aujourd'hui, la situation est grave. Le milieu du cinéma a peur des réseaux sociaux. Roman a du mal à monter ses projets alors qu'il a été adulé et couvert de prix pendant toute sa carrière. Certains agents déconseillent aux acteurs de jouer dans ses films. Or, ce sont ses films qui l'ont guéri de tous ses drames. L'empêcher d'en faire, c'est le tuer.

Tout ça pour des accusations improvisées devant le tribunal de l'air du temps, sans consistance aux yeux de la loi, sauf une, une histoire qui s'est passée en 1977, voici quarante-quatre ans. Lui en a maintenant quatre-vingt-huit. Laissez-le en paix ! Comme l'a relevé le juge polonais qui a refusé l'extradition, Roman a déjà subi quarante-deux jours de réclusion à Chino, puis cent treize jours de détention provisoire à Winterthur et deux cent vingt et un jours d'assignation à résidence sous bracelet — autre forme d'enfermement —, soit un total de trois cent cinquante-trois jours d'emprisonnement. C'est huit fois plus que la peine prévue dans l'accord initial avec le juge californien. Si l'on y ajoute les remises de peine automatiques, nous sommes, me répète l'avocat Hervé Temime, « au niveau de la peine maximale encourue aujourd'hui à Los Angeles pour les faits dont il est accusé et qu'il a reconnus ». En 2021, les auteurs et journalistes Sam Wasson et William Rempel ont demandé l'ouverture des scellés de la déposition du procureur Roger Gunson afin que le public y ait enfin accès, comme le stipule le premier amendement de la Constitution, qui protège entre autres la liberté d'expression. Vont-ils réussir ? C'est peut-être l'occasion de clore l'affaire. Qu'on cesse de réduire à une caricature cet homme tendre à qui sa seule victime envoie parfois des e-mails signés : « *Your friend, Sam.* »

Entretemps, l'étau se resserre. *J'accuse* n'a pas été distribué dans les pays anglo-saxons, et son prochain film ne sera peut-être pas distribué en France. J'ai l'impression d'être dans un mauvais thriller et je n'en vois pas la fin. Moi aussi, je suis « blacklistée » professionnellement. On me rapporte l'hésitation des uns, le refus des autres, leur crainte des polémiques potentielles. Je suis victime de la notoriété de Roman mais je n'ai pas le droit de m'en plaindre. J'avais choisi très jeune un métier public et je suis tombée amoureuse d'un homme célèbre. Personne ne m'a forcée. Dans l'une des scènes de *J'accuse*, au moment où l'on vient chercher Marie-Georges Picquart pour l'emmener en prison, le lieutenant-colonel se tourne vers la femme qu'il aime et que j'incarne et s'excuse : « Je regrette de t'avoir entraînée là-dedans. » À quoi elle répond : « Je m'y suis entraînée toute seule. » Notre dialogue depuis 2009.

Si j'avais quitté Roman, on m'aurait applaudie. Je suis restée et certains, dans ma profession, me condamnent.

Je n'ai eu aucun doute à son sujet. J'ai connu la fin de cette époque et je sais à quel point elle était libre et désinhibée. Jamais je n'ai pu croire d'emblée ces accusatrices qu'il a connues, ou non, dans les années 1970. Il a peut-être couché avec certaines, il ne les a sûrement pas violées. Cela paraît si facile de dénoncer, si facile de faire passer pour vérités des mensonges ou des fantasmes invraisemblables. C'est un piège terrible auquel il est au contraire extrêmement difficile d'échapper. Roman en est arrivé au point où il ne peut ni répondre ni contre-attaquer. Quand je repense à tous ces événements, je suis étonnée qu'il ait encore confiance dans le genre humain. Avant cette affaire, il a connu la guerre, le ghetto, l'assassinat de ses amis et de sa femme. Moi, je ne sais pas si j'aurais pu survivre à de tels drames. Je me demande souvent comment il a fait.

Il faut être solide. Moi aussi, j'ai dû l'être. En écrivant, loin du tumulte. La meute restera sourde aux faits, je le crains. Mais j'espère que ce livre clarifiera une histoire complexe. Nous avons le droit d'être entendus. Je ne laisserai pas sacrifier notre vie familiale sur l'autel de la vindicte populaire. Cette famille, qu'il avait tant à cœur de réaliser, c'est le plus grand film de Roman.

Je découvre qu'il faut du courage désormais pour soutenir mon mari, mais je ne suis pas seule. Nos enfants sont là, notre famille, nos amis aussi, et bien sûr une petite partie de la profession. Tous ceux qui savent à quel point Roman est un être merveilleux, sensible et fin. Outre la Cinémathèque, une seule institution ne l'a jamais lâché, l'Académie des beaux-arts. Il y est entré en 1998, dans le fauteuil de Marcel Carné. Il y siège toujours, avec beaucoup de plaisir. Roman aime bien les couronnes. Il a gagné tant de prix, il n'est pas en manque. Quand je l'ai connu, je l'appelais Louis XIV car il était entouré de courtisans et de groupies. J'aimerais écrire qu'il est toujours le roi.

Remerciements

À François Samuelson, qui m'a encouragée à écrire ce livre.

À Malgosia Abramowska, Muriel Beyer, Dana Burlac, Loris Camacho, Samantha Geimer, André Medouni, Delphine Meillet, Jean-Baptiste Mondino, Françoise Pinaud, Yasmina Reza, Hervé Temime, Marina Zenovich.

Composition et mise en pages
Nord Compo à Villeneuve-d'Ascq

CET OUVRAGE
A ÉTÉ ACHEVÉ D'IMPRIMER
SUR ROTO-PAGE
PAR L'IMPRIMERIE FLOCH À MAYENNE
EN AOÛT 2022

N° d'impression : 100895
Imprimé en France